Comme si tu étais toujours là

Marie Paule Belle

Comme si tu étais toujours là

PLON
www.plon.fr

92, avenue de France
75013 Paris
Tél. : 01 44 16 09 00
Fax : 01 44 16 09 01
www.plon.fr
www.lisez.com

Mise en pages : Graphic Hainaut
Dépôt légal : février 2020
ISBN : 978-2-259-27838-6

Je voudrais te donner la joie, le courage et la santé, et plus que tout, t'ouvrir les yeux sur ce que tu représentes pour moi avant tout, mais aussi pour beaucoup de ceux qui t'entourent, et aussi pour le «public» qui est l'addition de tant de souffrances, d'ennuis que tu soulages : pour tous, tu es le charme, la gentillesse, le talent, la simplicité, la gaieté, la sincérité. Il n'y a pas besoin d'autre justification pour continuer sans lassitude. Ne te décourage pas. «Chante, chante, chante» *et maintiens-toi dans la forme nécessaire pour le faire.*

Françoise Mallet-Joris

Tout amour est difficile et il est souffrance tant qu'il ne s'élargit pas à des dimensions moins individuelles. En faisant cet effort, nous travaillons pour notre art, pour la justification de notre vie, pour notre paix profonde.

Françoise Mallet-Joris

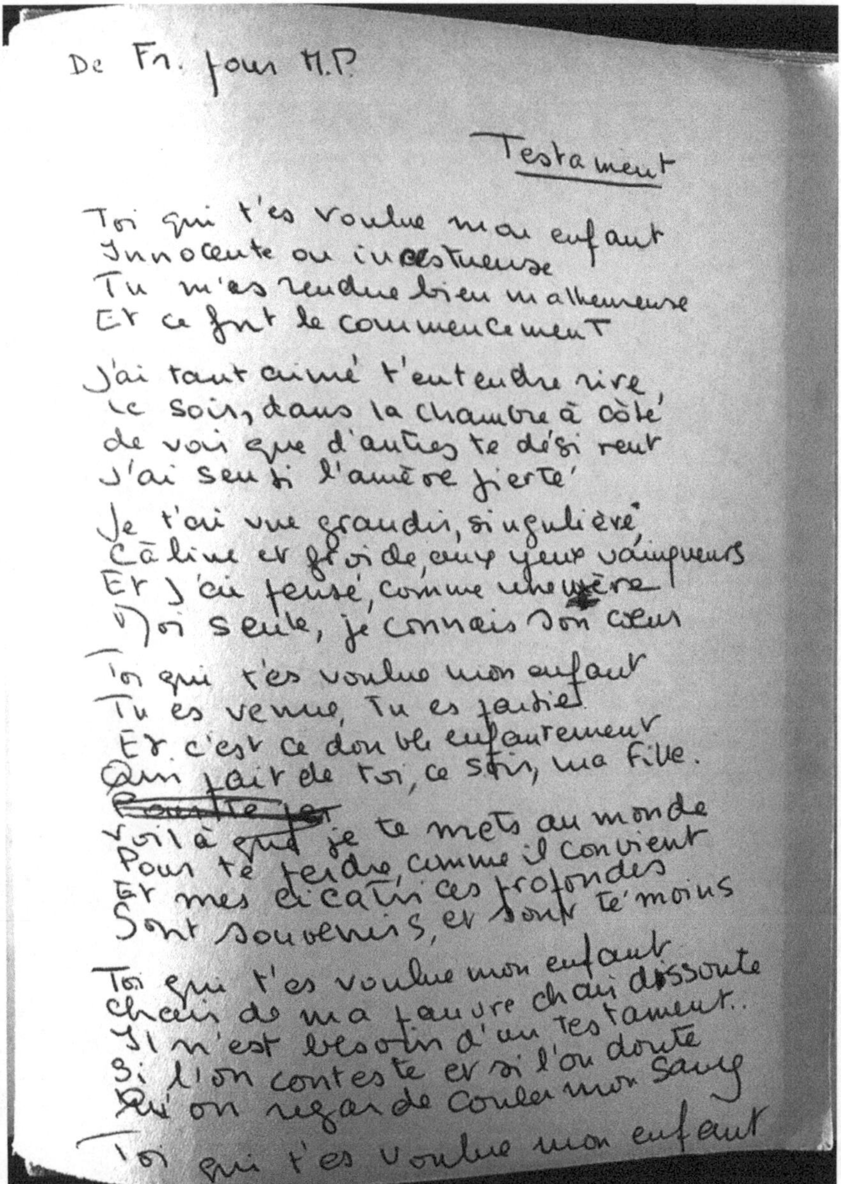

De Fr. pour M.P.

Testament

Toi qui t'es voulue mon enfant
Innocente ou incestueuse
Tu m'as rendue bien malheureuse
Et ce fut le commencement

J'ai tant aimé t'entendre rire
Le soir, dans la chambre à côté
de voir que d'autres te désiraient
J'ai senti l'amère fierté

Je t'ai vue grandir, singulière,
Câline et froide, aux yeux vainqueurs
Et j'ai pensé, comme une mère
Moi seule, je connais son cœur

Toi qui t'es voulue mon enfant
Tu es venue, tu es partie
Et c'est ce double enfantement
Qui fait de toi, ce soir, ma fille.
~~Pour te per~~
Voilà que je te mets au monde
Pour te perdre, comme il convient
Et mes cicatrices profondes
Sont souvenirs, et sont témoins

Toi qui t'es voulue mon enfant
Chair de ma pauvre chair dissoute
Il n'est besoin d'un testament..
Si l'on conteste et si l'on doute
Qu'on regarde couler mon sang

Toi qui t'es voulue mon enfant

Préface

par Serge Lama

Françoise était un monstre. Elle était terriblement belle, terriblement intelligente. Elle avait lu tous les livres mais sa chair n'était pas triste. C'était un monstre de lumière aussi et toi, Marie, tu fus longtemps un papillon égaré dans les vertiges de cette flamme et de cette force qui émanait de cette Flamande solide qui rêvait toujours mais travaillait comme un Balzac. Françoise pouvait être bavarde, intarissable : elle avait vu et connaissait tant de choses, ça allait de la Bible aux potins délicieux de son métier d'écrivaine.

Dans ton livre, tu parles de sa superbe voix grave aux variations infinies et souvent drôles, sans évoquer les moments où elle décochait une vacherie mais toujours sur un ton bien comme il faut. Pour la plus grande joie du rieur que j'étais.

Françoise était une star aussi. Elle a écrit des livres merveilleux qui ont su rencontrer un public immense.

Toi, tu étais une jeune chanteuse sans expérience et ses yeux étaient deux fenêtres où ton soleil pouvait tenter son voyage. Elle a rempli le grand lopin de terre qui attendait au fond de toi. Elle t'a rassérénée, rassurée, toi qui as toujours eu peur de décevoir. Et je me rends compte, en lisant ton livre, ton livre si délicat, à quel point les gens qui s'aiment chantent tous la même chanson, celle du bonheur si doux à partager avec quelques amis.

Marie, tu n'es pas devenue Françoise, bien sûr, chaque être est singulier, mais elle t'a imprimé un peu de son idiosyncrasie ainsi qu'une lucidité différente de la tienne. Et comme Françoise l'écrit, je pense, aussi, que tu es la plus grande chanteuse actuelle !

La difficulté pour un couple d'artistes, c'est que l'autre existe pour la même raison que soi – ce « Laisse-moi lire » qu'elle te lance, m'y fait songer. Pour ma part, je n'ai jamais connu cela. Comme il doit être difficile de vivre avec quelqu'un d'aussi habité, d'aussi ambitieux que soi-même, de partager le même égocentrisme. Bravo, mes toutes petites, d'avoir réussi l'impossible !

Toi Marie, tu écris pour le public. Françoise, elle, écrivait pour le public et la postérité. Tout grand écrivain y pense, comme il pense à l'Académie française – même Baudelaire, tous te dis-je. Et Rimbaud s'il avait vécu…

Le 7 rue Jacob… où tout a commencé et que tu racontes si bien. Là, tout n'est que symbole : le nom de la rue, le numéro, il était écrit qu'à cette adresse ta vie changerait du tout au tout. Il n'y a pas de hasard. À cette époque-là, Françoise a guéri la peur de la solitude qui ne t'a jamais tout à fait quittée. D'autant plus que tu ne t'es jamais réellement remise de la perte de ta maman.

Quand Françoise et toi étiez ensemble, vous deveniez une forteresse inexpugnable même pour le prédateur que j'étais. Vous aimiez l'insensé, l'inattendu, l'original. Vous alliez de coup de cœur en coup de tête et toutes les questions vous ramenaient à votre amour.

«Il me semble que je n'ai pas de langage commun avec les autres», dit-elle dans une lettre. C'est vrai que, parfois, quand son regard s'égarait au loin, ses mots ne s'adressaient plus à nous, mais à l'univers – peut-être Dieu parlait-Il à travers elle. Il y avait soudain comme une sorte de magie. Françoise tutoyait les anges, c'est une certitude. D'ailleurs, un soir, elle m'avait fait une voyance à la bougie incroyable… et c'est arrivé.

Françoise a accepté le succès quand il l'a surprise, mais, dans le désir de ne pas tomber dans ses pièges, peut-être s'est-elle égarée. Est-ce que lorsqu'elle a écrit *Jeanne Guyon,* elle ne s'est pas abîmée dans un ésotérisme trop subtil, trop décalé, qui l'a éloignée de son public naturel ? Pour épater sa mère ? Nous ne le saurons pas, Marie.

Ton livre est merveilleux en ceci qu'il ne parle que d'amour (mais saurais-tu parler d'autre chose ?). Cet amour, entre vos mains mêlées, semblait s'être matérialisé, c'était votre enfant. Les lettres que tu dévoiles dans ce livre sont les irréfutables preuves de l'amitié, de l'amour, de la passion d'une écrivaine et d'une chanteuse compositrice. Moi qui vous ai bien connues, elles me font l'effet – agréable – de vous regarder par le trou de la serrure et de ressentir quelque chose que j'ignorais. C'est si beau que, par moments, les larmes me sont venues. C'est si drôle aussi, parfois. Je vous ai même vues pouffant de rire…

Rappelle-toi ce jour où, à Val-d'Isère, en vacances, j'avais raconté à Françoise l'histoire d'Henry de Monfreid, dont j'avais lu le gigantesque succès *Les Secrets de la mer Rouge*. Et lui avais dit : « Mais tu te rends compte, il faisait fi des requins ! » Et elle, qui le connaissait bien, de me répondre calmement : « Mais pour lui, Serge, il n'y en avait pas des requins, il n'avait aucune imagination ! » Te souviens-tu, Marie, de mon énorme éclat de rire ?

Une autre fois en tournée – c'était une époque où tout le monde se prenait le chou dans des rixes politiques –, je m'étais levé et écrié : « Moi je suis extrêmement du milieu ! » Et Françoise était partie d'un rire, mais d'un rire que je ne lui connaissais pas. L'idée, sans doute, que je sois d'un milieu quelconque, moi qui étais extrême en tout... Un ogre. Ce fou rire – car c'en était un –, je l'ignorais chez elle, moi qui la savais rêveuse, la tête ailleurs, ce qu'elle était le plus souvent. Ceci dit, même du fond de sa rêverie elle voyait tout. Rêveuse, mais jamais absente. Une femme difficile à déchiffrer, même pour toi Marie je pense. Elle était parfois comme évanescente, ici et parfaitement ailleurs. « Décorporée » et pourtant tellement là, Françoise avait quelque chose de si surnaturel, si surréaliste que c'en était déstabilisant. Je n'avais pas les clés que toi tu possédais, ni même les serrures tant elle était un mystère. En bref, elle m'impressionnait. J'étais époustouflé par sa culture, notamment biblique – et pourtant j'en avais dévoré des bouquins –, devant elle je me sentais ignare et je n'exagère rien. C'est sûrement à cause de cela qu'elle avait sans cesse la tête ailleurs : Françoise vivait sur deux, voire trois niveaux en même temps, qui nous étaient inaccessibles Marie. Nous n'étions pourtant pas des imbéciles, eh bien là on semblait des nains.

Elle me fascinait et je pense que, toi, tu étais aussi enchaînée par ton admiration. Dans votre belle histoire, cela joue un rôle, malgré l'affadissement inhérent au quotidien. Il faut dire que, quand tu étais en tournée avec moi, vous aviez le quotidien rare !

Les sentiments amoureux, les amitiés corrompues et, en fin de compte, la vie elle-même, cette lente érosion, ça tient à quoi Marie ? Je n'ai pas de réponse à la question. Ni pour moi ni pour toi. Tu sais, à une époque je t'ai aimée – enfin, je veux dire au-delà de l'amitié. Je n'ai pas pu l'assumer et puis l'amour ça s'arrête, l'amitié jamais, finalement c'est bien mieux ainsi. Cet aveu n'est qu'un aparté, mais je tenais à te le faire.

J'ai ressenti la même émotion à lire ton livre qu'à la découverte de la correspondance amoureuse entre Albert Camus et Maria Casarès, sauf que vous, je vous ai « connues en vrai », comme disent les enfants. Il y avait d'ailleurs beaucoup d'enfance dans votre amour, beaucoup d'impatience, de vœux, de volonté, de folie, de surréalisme. Ainsi que de l'abstraction du côté de Françoise et des pieds bien ancrés dans la terre de ton côté. Malgré ces différences, il fut un temps où vous avez été folles au même moment, car en amour – comme dans la roue de la vie dont parlait ta maman – il y a un sommet où il faut essayer de se maintenir contre vents et marée, aussi longtemps que possible, malgré la chute tentatrice. Le vieil homme que je suis devenu pense que l'amour est un îlot à part entière mais qu'il faut encore avoir la chance d'aimer et d'être aimé.

Tu sais Marie, être homosexuelle ce n'est pas être «différente», c'est être du troisième sexe, un sexe qui existe depuis la nuit des temps et qui a toujours fait preuve d'une très grande créativité et qui est indispensable à toute société.

Quel bonheur dut éprouver Françoise quand elle a appris être élue à l'Académie Goncourt au fauteuil de Pierre Mac Orlan, lequel, ironie du sort, était lui-même auteur de textes de chansons à succès. Le destin joue des tours étranges...

Tu écris, Marie, avec la prudence de quelqu'un qui marche sur la pointe des mots, avec délicatesse, tendresse et reconnaissance. Tu écris avec pudeur aussi, avec la peur de faire mal, comme si Françoise était encore là – d'ailleurs elle est encore là et surveille même ce que j'écris. Elle doit avoir de l'affection pour moi, consciente que maintenant je suis le seul à pouvoir veiller sur toi, sur tes inquiétudes, ta solitude et tous ces machins de la vie quotidienne.

Mais je la vois encore ELLE, comme une reine barbare, au-dessus de la mêlée, avec sa voix étrange, un peu sorcière venue du Nord, son charme fou parfois inquiétant et cette érudition qui nous bouchait plusieurs coins. Elle dominait tout par sa mystérieuse présence. La télé peut encore en rendre compte quand on revoit les «Apostrophes» de Bernard Pivot, émission phare pour la littérature où elle a été invitée à plusieurs reprises.

Ce livre est à ton image, Marie ; discret, présent, honnête, respectueux, tendre, sincère. J'imagine ce que tu as dû remuer en toi d'émotions pour l'écrire. Tout est juste, je suis témoin de ce que fut votre histoire d'amour et j'avoue avoir été ébranlé par certains passages. Tu as su faire sentir la complexité de cette modestie orgueilleuse, de la sage sauvagerie qui couvaient en Françoise.

Elle t'écrit : « Tu es une personne de grande valeur, que cela soit reconnu ou non. » Quelle belle sentence ! Elle est universelle et ton talent est universel !

Pour ce qui est de votre collaboration, vous n'avez jamais fait de compromis. « La Parisienne » fut un hasard heureux, il t'en aurait fallu trois de plus sans doute. Mais votre choix fut la demi-teinte, voie la plus exigeante et la moins récompensée. Ta vraie récompense est là, Marie-Paule, dans une œuvre sans scories. Tu as fait ce qui te semblait digne d'être entendu par ta mère et par la mère de Françoise. La fidélité a une certaine éthique même dans la fantaisie, voilà ta signature. Votre œuvre existe Marie, et vos inféodés vous en rendent grâce.

Françoise c'est *Le Rempart des béguines, La Maison de papier, L'Empire céleste,* toi bien sûr « La Parisienne », « Quand nous serons amis », « Berlin des années 20», «Nosferatu». Que des petites merveilles. Vous avez de quoi être fières de vous. Et toi de toi, ma Marie.

Car Marie, tu es un personnage, c'est vrai, mais dont tu actives la marionnette, qui le fait exister. Tu es la déesse de toi-même, c'est toi qui dessines tes prodiges et je peux t'assurer qu'ayant beaucoup partagé avec toi, que tu es toi absolument, tu es toi avec tout ton passé génétique, plus cette génétique de l'âme sur laquelle les savants sont si frileux ou si aveugles.

Ne crois pas que la paix soit ennemie de la création, elle peut aller avec. Mais toi comme moi, nous sommes des amputés. Moi je n'écris pas mes musiques, toi tu n'écris pas tes textes, cela nous rend dépendants et inquiets. Car comment reprendre une mauvaise musique ou un mauvais texte à un ami ? Mais tu as, je crois, trouvé la solution : en écrivant enfin les paroles de tes chansons.

Françoise a rempli sa vie d'extrêmes. Mère, amante, écrivaine, elle était dotée d'une solidité fragile ; solidité par ses origines flamandes, modérée, j'imagine, par des bribes de souffrances familiales. Mais, surtout, elle a choisi de vivre dans l'intensité permanente. Même quand elle partait travailler comme une bonne élève aux Deux Magots, elle traquait la fulgurance, ce qui, à la longue, est usant psychologiquement.

Elle était, au bout du compte et au bout des contes, un être plein de contradictions, comme ces voies ferrées compliquées de tant d'aiguillages qu'on se demande comment les trains font pour ne pas se rencontrer !

Même si elle avait le cœur à l'Égypte, ses racines sont au froid, au Nord. Sa jeunesse dans de grandes maisons aux plafonds trop hauts pour s'y sentir enfant, avec discipline de fer et mère brillante. Elle a mélangé l'ensemble dans le jeu de cartes de sa (et de ta) vie, ce qui a débouché sur pas mal de désordre, organisé certes, mais quand même. Qui plus est, vous viviez dans des maisons chargées d'histoire et ça, il faut l'endosser, c'est lourd, surtout pour des êtres aussi sensibles que vous deux. S'ajoute la mort de son fils bien sûr, la culpabilisation, etc. Je crois qu'à ce moment-là, quelque chose l'a surprise, qu'elle a compris, prises de conscience simultanées qui se sont heurtées et n'ont plus cessé de le faire en elle. Après s'est déclenché l'engrenage des remords qui cognent, la volonté de ne plus rien accepter, de disparaître. Françoise n'avait pas, comme toi, la terre accrochée à ses sabots, car un fil la retenait d'en haut.

Je sais que Françoise avait lu Simone Weil mais j'ignore ce qu'elle en pensait. Moi j'ai lu tous les livres de cette philosophe qui avait vocation au martyre avant même d'avoir rencontré Dieu, d'avoir été «prise» par lui (j'emploie son propre «Verbe»). Je suis persuadé que Françoise, elle aussi, avait vocation au martyre, une partie d'elle en tout cas.

De fait, elle était chrétienne par choix et conviction, non par hasard. Elle a donc sciemment suivi la route du martyre, à sa manière. Elle s'est laissée volontairement disparaître par d'autres voies, d'autres chemins que ceux de Simone Weil, s'est délestée de son corps peu à peu, l'a annihilé même. Toi, Marie, tu l'as assistée courageusement jusqu'au bout, jour après jour, dans cette dernière phase d'effacement. Ce fut ton dernier, ton ultime cadeau d'amour. Plus de voix grave, juste un regard, mais un regard intense, avec toi qui lui parlais inlassablement comme aux plus beaux jours de votre histoire. Tu as déposé sur son front le dernier baiser, dit les dernières paroles – tu ferais pareil pour moi si j'étais seul au monde, ce qu'à Dieu ne plaise. Non, l'amour, le vrai, ne s'arrête jamais.

Nous sommes tous si fragiles. Peut-être au fond, Marie, es-tu la plus solide de nous trois. Moi j'ai l'air costaud parce que j'ai eu de la chance. Françoise s'est brisée au premier vrai choc, sa tête s'est mise à heurter les murs. Mais toi, Marie, tu es corse, tu es solide, tu es comme le roseau, tu plies c'est tout. Alors, tu l'as assistée jusqu'au bout et sans faillir. Elle était, elle est, la femme de ta vie. Parce que c'était «ELLE» parce que c'était «TOI».

Ton livre, tu l'as écrit comme si Françoise t'avait tout apporté et toi, en retour, rien. Mais ce n'est pas vrai Marie.

Tu lui as apporté ta candeur, ton côté terrien, ton tempérament de feu, ta violence. Tu lui as apporté ta parole, puisque tu l'as obligée à communiquer (j'entends sa voix grave me dire à l'oreille : « Était-ce vraiment nécessaire ? »).

Tu lui as apporté ton génie de la musique, ton entêtement, la rhapsodie de tes peurs, de tes hantises, de tes doutes. Ainsi que ta jeunesse, ton rire, qu'elle a su déclencher. Et même ta jalousie tu la lui as apportée, car elle jaillissait d'un cœur simple et sans double porte. Avec elle, tu découvrais l'Amérique. Et pour elle ce fut un incroyable cadeau que ta surprise.

Maintenant, après avoir lu ton livre, je sais que ce ne sont pas des cendres de votre amour qui subsistent, mais des braises. Sur lesquelles tu souffleras jusqu'à ton dernier souffle.

Ne meurent que ceux qui n'ont pas d'âme…

Prologue

Ton jardin

Le 18 mai 2019, on a donné ton nom à un nouveau jardin ! Un jardin, c'est quelque chose qui te convient bien : romantique, paisible et plus joli qu'une rue dans laquelle on ne fait que passer…

Plusieurs sentiments se mêlent en moi : d'abord, une grande douceur de savoir que des passants pourront y faire une halte, s'asseoir sur un banc avec un livre (ce que tu faisais souvent), regarder les enfants jouer, respirer l'odeur des fleurs au printemps, admirer le rythme des saisons sur les arbres… Et puis, aussi, une grande mélancolie, pour ne pas dire de la tristesse, lorsque je pense à notre histoire si intense, si profonde et si belle, qui a résisté avec force, et malgré tout, aux aléas de la vie.

En lisant ton nom sur la plaque, à l'entrée, on se demandera peut-être qui tu étais. Certains auront la curiosité de vouloir mieux te connaître en lisant tes romans (et, peut-être, en écoutant nos chansons ?).

Situé tout près de la bibliothèque François-Mitterrand où tu te rendais fréquemment, ce jardin suspendu est perdu, comme dans un dessin de Sempé, au milieu de grandes constructions modernes, et j'aime penser qu'il va te ressembler – un peu rebelle, évoluant à sa façon, avec une grande liberté. Parce qu'il est en hauteur, le bruit de la rue s'estompe pour laisser la place au chant des oiseaux. Les jeunes arbres vont se libérer de leur tuteur et grandir, au milieu des vastes pelouses où mon petit chien Jules pourra courir. De l'herbe sauvage pousse déjà entre les pavés des allées. Ce n'est pas un jardin « à la française » ; les arbustes semblent être là par hasard, de manière désordonnée, et puis, par endroits, des taches de couleur, des roses jaillissent comme une soudaine explosion de joie de vivre !

Tu aurais aimé que cet espace de liberté porte ton nom – non pour la flatterie ou la flagornerie qui t'étaient étrangères, mais pour la reconnaissance de ton travail, l'humble labeur quotidien, celui qui te portait, que tu assurais chaque matin, quel que soit le temps, hiver comme été, en allant travailler au café des Deux Magots, à côté de chez toi. Je me souviens du jour où tu es rentrée, après de longues heures d'écriture, ravie et fière comme une petite fille :

« Devine ce qui m'arrive ! »

Moi, émue par ta joie, je pensais que tu étais particulièrement satisfaite d'un passage que tu venais d'écrire, d'une surprise créée par un personnage, comme tu me l'expliquais parfois, d'un dénouement inattendu… que sais-je ?

« Je ne vois pas, dis-moi vite !

— Je suis SUR LA CARTE !!! »

Le menu du café des Deux Magots était en effet préfacé par un historique du lieu, citant les écrivains et les personnalités qui y avaient leurs habitudes. Et ton nom était à l'honneur !

Je souris en me disant que, de temps en temps, j'irai m'attarder dans ton jardin… Je sais que tu seras près de moi.

Sur la plaque portant ton nom, suivi de la date de ta naissance et de celle de ta mort, il est précisé que tu es une « femme de lettres », ce qui résume en trois mots ton œuvre littéraire : des poèmes, des romans, des essais, des biographies, des paroles de chansons, sans compter tout ce qui n'a pas été publié ! On a aussi inscrit tes titres les plus honorifiques : membre de l'Académie Goncourt et de l'Académie royale de langue et de littérature françaises de Belgique.

Est-ce le début d'une reconnaissance tardive, plus évidente, de ton talent littéraire incontestable, comme de l'empreinte laissée par tes combats et tes engagements féministes ? Va-t-on enfin te mettre à ta véritable place, te sortir de l'image un peu péjorative que l'on attribuait à l'époque aux romancières et, à plus forte raison, aux auteurs de best-sellers – comme si plaire au public était un critère de mauvaise qualité ?

J'ai eu l'immense chance de partager ta vie, de vivre un amour absolu sous toutes ses formes, en dehors du temps. J'ai assisté aux sacrifices que tu as dû consentir pour réaliser ton œuvre. J'ai partagé tes doutes, tes angoisses, tes larmes, mais aussi tes joies, tes victoires, ta lumière !

Tu m'as inondée de cette lumière. Tu m'as fait naître une seconde fois.

Les années de succès que nous avons partagées nous ont donné l'image particulière d'un couple de femmes célèbres et heureuses d'être ensemble !

Aujourd'hui, la société est moins hypocrite. L'homophobie moins dissimulée, mais plus virulente. La violence se manifeste davantage. On n'admet pas ce qu'autrefois l'on faisait semblant d'ignorer. La dépendance du regard des autres, les tabous familiaux cassent des vies… J'aimerais donner du courage et de l'espoir à celles et ceux qui souffrent de cette tare de la société. En témoignant qu'un amour homosexuel, sans limites, peut illuminer une vie.

C'est pour te rendre hommage, Françoise, que je tente aujourd'hui de dévoiler notre histoire. Afin de montrer ta grandeur, ton humilité, ton courage, ta pudeur, ta drôlerie, la beauté de tes textes, de tes petits mots, de tes lettres. Bref, de tout ce qui fut notre vie.

Quelques mots d'humour
Quelques mots d'amour

Tu m'écris…
Sur une carte postale de l'hôtel Amigo, à Bruxelles :

Mon tout petit – pas pu t'avoir ce matin tu étais sur répondeur ; je n'ai pu m'empêcher de rire, il est encore cassé, tu as une voix incroyable, on dirait les Marx Brothers ou La Planète des singes *!*

*

Sur des fax :

J'ai acheté un cadre pour ta photo où tu ressembles tant à Garbo. Saisissant !

Chérie

Je reviens lundi par le train qui arrive à 16 h 05 à Paris. Si tu pouvais venir me chercher ce serait le rêve, sinon, entre 17 et 18 h rue Vavin ? Ne t'inquiète pas, j'y arriverai – mais comme disait Alphonse Allais « dans quel état » !

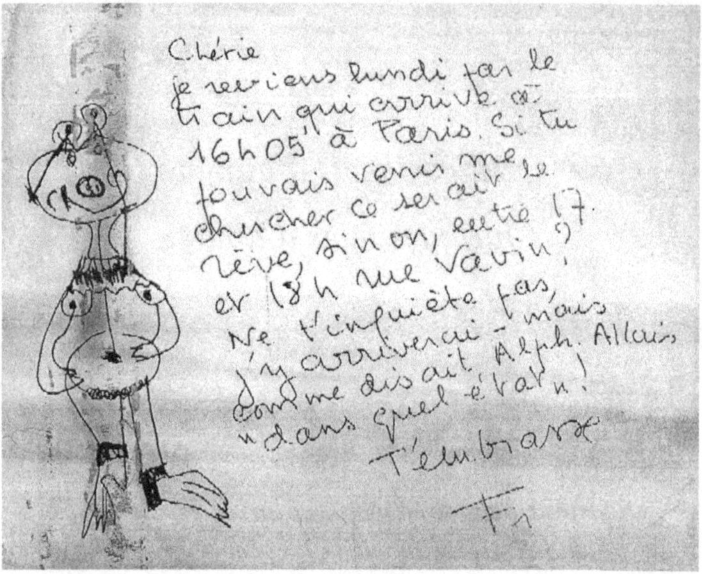
Chérie
je reviens lundi par le
train qui arrive à
16h05' à Paris. Si tu
pouvais venir me
chercher ce serait le
rêve, sinon, entre 17
et 18h rue Vavin ?
Ne t'inquiète pas,
j'y arriverai - mais
comme disait Alph. Allais
« dans quel état » !
T'embrasse
Fr

*

Au dos d'une carte postale sur laquelle est dessiné un lapin à genoux priant devant une carotte :

Ma petite chérie,

Je te l'envoie pour te faire sourire.

Je vais voir ma psy, je lui apporterai ton disque que je vais acheter – si je le trouve – au BHV. Mais je suis très fâchée du fait qu'ils collent l'étiquette du prix sur ta jolie petite figure ! Une si belle photo !

Je t'embrasse de tout, tout mon cœur.

*

Au dos d'un dessin humoristique :

Bientôt nous allons rire ensemble, et ce rire sera comme un grand éternuement qui rejettera loin de nous toute amertume, regret et même souvenir des méchants dont nous moucherons les scories ! Voilà une métaphore ! Mais où trouver un mouchoir assez grand ?

Ne reste pas enrhumée surtout ! Chaque fois que tu te mouches, pense : « J'expulse X ou Y. » Recette flamande un peu crue mais qui agit.

*

Été 1975. Je suis en tournée avec Serge Lama. Tu m'adresses une lettre par jour (quelquefois deux), que je trouve à l'hôtel après le spectacle.

Le jour où tu achèves ton roman :

24 juillet

C'est donc le dernier petit mot que je t'envoie, ma doucette, ma toute mignonne, mon petit sucre d'amour – et encore, je t'en supplie, prudence !! Ci-joint une carte pour Serge, dont j'ai reçu ce matin un beau nu de Maillol : j'espère que ce n'est pas une allusion à mon embonpoint passé ! Je t'aime, je t'aime. Je veux tant que tu sois là, que tu me consoles et me reposes de tout. Il n'y a que toi au monde, c'est simple.

Je me sens toute vide d'avoir fini. Je me sens « rien » ou plutôt je me sentirais rien et vide, s'il n'y avait pas toi, nos projets, et mon impatience de te voir qui grandit tous les jours. C'est comme si je m'étais retenue de respirer depuis trois semaines, je ne retrouverai une vie complète qu'avec toi. Je suis si fatiguée. Je m'arrête, mon petit poussin. La vie me reviendra quand je verrai ta petite frimousse adorée. Je pense déjà : j'achèterai du pain frais, du beurre et du café pour mon petit amour pour qu'il trouve tout prêt en arrivant. Je t'aime. Ne roule pas comme une folle.

Ton Finouchon

Comme si tu étais là

Je viens de relire le dernier refrain d'une de tes dernières chansons dans laquelle tu parles de nous. Elle se termine par « ... et je raconte ma vie comme si tu étais là... » Cela pourrait faire un joli titre de livre.

Mais ce titre seul est un leurre. Ça ne peut pas être comme si tu étais là parce que, si tu étais là, témoin permanent de la création qui jaillit, je serais survoltée, encouragée, portée ! J'entends ta voix grave, douce et sensuelle me dire, entre deux bouffées de cigarette : « C'est très bien ça, ne touche plus à rien ! Continue dans l'élan, on verra ensuite... »

En y pensant, c'est le contraire de ce que maman criait, gentiment, de la cuisine, en m'entendant égratigner un prélude de Chopin : « Non, reprends avec plus de sentiment !... Attends une minute, je viens te montrer... »

D'une façon ou d'une autre, j'ai toujours eu besoin de cette présence attentive à la musique qui, survenant d'un coup dans mon esprit, me semble trop irréelle pour que je croie l'avoir inventée. J'appelle mes amis, leur joue ou leur chante cette mélodie au téléphone, et leur demande s'ils l'ont déjà entendue…

Quand tout le monde m'a confirmé son originalité, alors seulement je me dis que la mélodie ne sort pas de notre inconscient collectif, mais qu'elle m'a bien été soufflée d'en haut !

S1 98

DANS LES BARS, DANS LES VILLES[1] *

3ème version et 1ère version

Il racontait,il racontait
Sa vie au bar du Métropole
Elle écoutait, elle patientait
Les yeux perdus et qui somnolent
Il inventait, il inventait
Il s'ennivrait sans boire jamais

Refrain :
Dans les bars dans les villes il y a des gens comme ça
Qui un soir entre mille ont besoin qu'on les croit
Et puis en escarbilles, tous ces mots s'éparpillent
Et tout est oublié comme des feux de joie.

Elle racontait au bord du quai
Toute sa vie au machiniste
Elle inventait, il regardait
Le sac usé, les souliers tristes
Le train partait mais elle restait
Dans le café qui n'part jamais.

Dans les bars dans les villes il y a des gens comme ça
Qui un soir entre mille ont besoin qu'on les croit
Et puis en escarbilles tous les mots s'éparpillent
Et tout est oublié comme les feux de joie.

Y a des cafés tout enfumés
Où un soir sur la molesquine
N'importe quoi peut arriver
N'importe quoi qu'on imagine
C'est le grand soir des cœurs blessés
Et puis la nuit part en fumée

cool

Dans les bars dans les villes
Je me promène parfois
parce qu'un soir entre mille
j'ai besoin qu'on me croit
Et je raconte ma vie
notre amour, sa magie
Et je raconte ma vie
Comme si tu étais là ! . . .

* Les crédits des chansons citées correspondant aux appels de note chiffrés figurent en fin de volume.

De vraies raisons de vivre

Sur une lettre adressée à Méribel, où je chantais dans un cabaret :

... Tant que je suis dans cet appartement c'est encore un peu de ta chaleur et de ta tendresse autour de moi. Je vous aime ma chérie, ma petite perle, mon petit loir aimé et si courageux au fond. Je te tiens tout le temps dans mes bras, sur mon cœur, je ne te quitte jamais vraiment. Mange, sois très prudente, ne te laisse pas aller à des pensées tristes. Sois gentille avec tout le monde car quand on est plus heureux que les autres on doit faire plus d'efforts et est-ce qu'on ne l'est pas, heureux. Je t'aime, je t'aime, j'ai envie de pleurer et de rire en même temps. Veille sur toi pour l'amour de moi je t'en supplie. Ne va surtout pas en luge ou en bobsleigh c'est très dangereux ! Ne prends pas de risques ! Chante bien sans penser à l'avenir ; c'est tellement important qu'il y ait des gens qui chantent ! Il faut y croire non seulement pendant, mais tout le temps car c'est une vraie raison de vivre, en plus de la vraie vraie qui est de nous aimer tou-

jours, ma chérie. Reviens vite… Baisers mille et mille. Je t'aime. Garde mes lettres je garderai les tiennes et on les collera. Encore un baiser ma très douce chérie.

Françoise

Je t'aime

*

Sur une carte postale représentant Tintin qui court avec un sceptre :

Ma petite chérie, ne crois pas que je te laisse tomber ou que je ne comprends pas tes préoccupations d'avenir. Je ne cesse d'y penser et vais faire un gros effort, t'envoyer des brouillons et à Grigri aussi. Donne-moi tes dates pour avril et je serai là (sauf le 17 où je vais à l'hôpital) toute la deuxième quinzaine d'avril. Tu es la plus grande chanteuse actuelle, la plus charmante et gentille Femme de France. Je te donne le prix !*

*

Courage courage ! Espoir et Foi dans ta qualité. Tu tiens en main le sceptre de la vraie réussite, il suffit de lever le bras (et le cœur) et tu trouveras enfin la sérénité et la confiance qui seules manquent à

* Il s'agit de Michel Grisolia, journaliste, auteur, parolier et notre grand ami.

ton génie naturel. Pense à Sarah Bernhardt jouant L'Aiglon *à 60 berges et avec une seule jambe ! Et tu en as deux !*

Ton amie pour toujours

Le carton rouge

J'ai ouvert le carton rouge où se trouvent tous tes petits mots, tes dessins, tes brouillons de chansons que je n'ai jamais chantées – dont j'ai quelquefois oublié la musique ! Il y a aussi les fax presque complètement effacés – tout comme ceux de Barbara que j'ai essayé de restaurer, sans succès. Tes commentaires de travail, tes ébauches de sketchs. Dans ce carton, il y a encore les différentes versions, chacune retravaillée, d'*Une bonne action de Lucrèce Borgia*, notre opéra-bouffe qui n'a jamais vu le jour. Tes cartes postales d'Italie, d'Istanbul, de Belgique... À côté de tes journaux de travail, une pièce de théâtre dans laquelle tu me voyais jouer le rôle d'Yvette Guilbert – tu aurais aussi voulu, quand j'étais jeune, frisée, insolente, me voir interpréter Colette, dans *La Vagabonde*. Les premières versions manuscrites de tes livres, certaines accompagnées de photos des lieux décrits. Surtout des poèmes écrits pour moi, en pensant à moi, avec beaucoup de tendresse et tant d'amour ! Et, dans un coffre en acajou, tes petits mots où tu manifestais tes sentiments, et tes lettres, entourées d'un ruban rouge, dans lesquelles tu parles de toi, de moi, de nous.

Pourquoi le rouge ? Comme un interdit à ne pas transgresser ? Le carton rouge, c'est aussi le symbole de la punition, l'exclusion. Est-ce ce sentiment, souvent ressenti et enfoui, qui m'a fait choisir cette couleur pour garder nos secrets ? Est-ce pour cette raison qu'il est si difficile de prendre la décision de les sortir de l'ombre ?

Pourquoi le faire maintenant ? Parce que je ne t'ai pas assez regardée ou écoutée – je me le reproche. Je ne pensais alors qu'à chanter, ignorant les souffrances que tu endurais, en silence, à cause de mes absences répétées…

Ces lettres disent tant de sentiments intenses : peur, désespoir, tristesse liés au manque de l'autre, mais aussi l'humour de tes expressions ou des comparaisons dont tu étais seule capable ! Je ris en te relisant… Tu étais si drôle avec ta façon de raconter n'importe quel petit événement, sans changer ton lent débit et ta voix sensuelle !

Quand je parle de toi, mes amis se souviennent de ta vision du monde, du regard particulier que tu portais sur le quotidien, et qui le rendait magique, surréaliste, voire enfantin…

Et puis, tu avais cette lucidité sur les choses, les êtres, la réalité. Cette maturité que j'admirais et qui me rendait complètement muette… Saurais-je trouver les mots maintenant?

Je voudrais essayer, à travers ce livre, de te faire connaître, dans la transparence de tes chansons qui parlent si bien de nos sentiments, mais aussi à travers ces petites phrases dont, toute ma vie, je me suis régalée.

Je veux effacer le regard inquiet de tes derniers jours, ces moments où tu me tenais par la main en silence… Effacer l'angoisse, ces interrogations terribles que je décelais dans ton regard… Effacer le silence que je comblais tant bien que mal, espérant que mes propos maladroits te feraient oublier la souffrance et te rappelleraient nos rires et nos chansons… Effacer la fin pour ne me souvenir que du début, de ta beauté évidente et pure, de la force de l'Amour qui nous a portées, qui me porte encore et qui te rend vivante à jamais.

Maintenant, je sais que tu vas m'aider, comme si tu étais là.

Ces lettres auxquelles on ne répond pas[2]

Où vont toutes ces lettres d'amour (*bis*)
Chaque jour
Ces lettres auxquelles on ne répond pas (*bis*)
Quelques fois

Ma lettre disait nos promenades
Les lumières dansant sur la rade

Du temps où nous étions camarades rien de plus
J'espère au moins que tu l'as reçue

Je ne puis pas croire que tu ne m'aies pas répondu
J'ai dû me tromper d'adresse
Ma lettre trop lourde a dû être mise au rebut
Et tu t'inquiètes peut-être

Où vont toutes ces lettres d'amour (*bis*)
Chaque jour
Ces lettres auxquelles on ne répond pas (*bis*)
Quelques fois

Ma lettre disait nos découvertes
D'enfants qui croient aux îles désertes
De l'époque où rien n'avait changé dans ma vie
J'espère au moins que tu l'as compris

Il y a du retard cette grève n'en finit plus
Bien sûr y'a les télégrammes
Si tu recevais du papier bleu qu'en dirais-tu
Que je fais toujours des drames

Où vont toutes ces lettres d'amour (*bis*)
Chaque jour
Ces lettres auxquelles on ne répond pas (*bis*)
Quelques fois

Mais ma lettre a su rester discrète
Si toutes les lettres s'interprètent
Mes phrases disaient mon affection rien que ça
J'espère un jour que tu comprendras

FRANÇOISE
J'aurais voulu jouer l'accordéon

« Tant de belles choses à faire »

7 h 30 DU MATIN MERCREDI 23 JUILLET :

Mon tout petit, je t'écris un mot avant même de travailler, parce qu'une inquiétude me frappe tout d'un coup : je vois que le 30, tu chantes à Aix-les-Bains. Tu comptes donc revenir d'Aix à Nice dans la nuit. J'ai tellement peur, ma chérie, que pour être plus vite près de moi, tu ne prennes des RISQUES ou que tu ne t'endormes au volant. Je t'en supplie, si tu sens que tu n'es pas vraiment en état, va d'abord à l'hôtel dormir quelques heures. Je t'en prie, vraiment, mon petit chéri sacré, mon beignet d'amour, je ne rigole pas. Ne prends aucun risque, pense que nous avons tant de belles années encore devant nous, tant de belles choses à faire, tant de bonheur à connaître et à donner. Penses-y vraiment et ne joue pas tout ça*

* Françoise avait à l'esprit Jean-Michel Caradec : ce chanteur à l'avenir si prometteur passait en première partie du spectacle de Serge Lama. En rejoignant deux étapes de la tournée, il s'était endormi au volant et il était mort sur le coup.

pour une heure de plus ou de moins. S'il t'arrivait quelque chose j'en mourrais, d'une façon ou d'une autre.

Ton Finouchon qui t'adore et t'adorera toujours.

*

Mon cher petit enfant, ça me fait de la peine chaque fois que je vois ces figues que nous n'avons pas cueillies, que tu n'as pas emportées. Ce petit détail après tant d'autres me font une continuelle tristesse, mais qui ne diminue pas, mon petit chéri, ma tendresse et ma préoccupation de toi qui sont constantes. Je pense à toi, soigne ta santé, consens à penser que je veux de toutes mes forces préserver quelque chose entre nous qui m'est précieux, qui est précieux et qui est encore là, possible.

Je t'embrasse vraiment de tout mon cœur. Travaille bien et mange des légumes.

Fr.

*

Du Grand Hôtel de Vittel, où tu accompagnes ton père qui fait une cure :

Ma poupounette chérie, mon petit trésor d'amour, ma petite fleur de chicorée, je t'aime. Aujourd'hui première absorption d'eau. Sous la longue galerie vitrée, au son de l'orchestre féminin qui joue Roses de Picardie, *nous nous avançâmes le verre gradué à la main. Nous nous ferons prochainement photographier dans cette pose…*

Que je voudrais te serrer contre moi et t'embrasser, et t'entendre me dire : « Réveille-moi, hein ? Tu promets de me réveiller ! » Ma bonne et douce et belle petite chérie, je suis si ennuyeuse pour toi parfois ! Chaque fois que je m'éloigne de toi me reviennent à l'esprit toutes les fois où je t'ai dit : « Laisse-moi lire » et je me ronge de remords ! Bientôt on sera de nouveau ensemble heureusement et tu pourras de nouveau me déranger à chaque instant – j'en ai tellement pris l'habitude que ça me manque, mon petit lutin.

[…] J'ai essayé de faire une sieste, chaque fois que j'allais m'assoupir, un roulement de tambour m'en empêchait. Finalement je suis allée à la fenêtre : c'était des majorettes qui s'exerçaient dans le parc !… Je suis bien fatiguée mais je sens que ça me fait du bien. Je voudrais tant me conserver en bonne forme pour mon petit chéri aimé ! Ma très gentille, garde patience, ne t'énerve pas pour des bêtises. Qu'est-ce qui compte auprès d'un amour comme le nôtre, plein de confiance et de tendresse ? Sois bien gentille même avec ceux qui t'agacent – Je t'adore… Je t'embrasse ma très aimée, ma mignonne, avec tout mon amour. Tu vois que je t'écris tous les jours. Et je me soigne avec application, par tous les bouts.

Ta Finouche qui t'aime et t'aimera toujours. J'embrasse toute ta personne chérie.

Quand était-ce… ?

C'est étonnant comme ni toi, ni moi ne nous sommes jamais souvenues du jour de notre rencontre ! Depuis, en relisant mon journal intime, j'ai retrouvé la date exacte : le 5 octobre 1970. Comme moi, tu as toujours eu du mal avec la chronologie. À tes yeux, ce qui comptait, c'était le souvenir des moments eux-mêmes, de leur importance, de ce qu'ils avaient déclenché dans notre vie jusqu'à la métamorphoser, et non le moment où l'événement s'était déroulé. On se souvient d'ailleurs plus – et heureusement – des jolies choses, des anecdotes amusantes que des moments difficiles !

*

Je venais d'arriver à Paris, un peu plus d'un an après la mort de maman, partie en juin 1969… Je marchais dans Saint-Germain-des-Prés, à la recherche des cabarets mythiques de la Rive gauche, comme L'Écluse ou L'Échelle de Jacob, qui étaient alors des étapes obligées dans une carrière artistique. J'avais en tête de m'inscrire à la fac de Censier pour poursuivre mes études de psycho (j'avais obtenu ma licence à Nice), tout en passant des auditions dans ces deux cabarets, à mon sens les plus importants pour débuter, comme l'avaient fait avant moi Barbara, Brel, Ferré, Bobby Lapointe et bien d'autres... Je me trouvais devant L'Échelle, en train de regarder qui étaient les artistes programmés (étaient-ce déjà Thierry Le Luron, Maurice Fanon, qui chantait « L'Écharpe », ou Les Frères ennemis ?), lorsque Mariem, une amie de Nice, se cogna contre moi « par hasard » ! Elle me dit être montée elle aussi tenter sa chance à Paris, depuis l'époque où l'on se réunissait entre étudiants, dans la maison d'un copain, à Nice, pour chanter ensemble et tester ce que nous venions de composer. On parle de Nice, des copains, de la fac, de maman... Elle m'annonce que Boris Bergman, parolier renommé, doit lui écrire des adaptations de Joni Mitchell ou Buffy Sainte-Marie, et me suggère de l'accompagner dans quelques jours à son prochain rendez-vous avec lui. Je lui demande ce qu'elle fait en attendant cet avenir prometteur, elle me répond qu'elle habite juste en face, au 7 rue Jacob, chez Françoise Mallet-Joris. Elle me raconte que la romancière a créé un scandale dès la publication de son premier roman, qu'elle a écrit plusieurs livres à succès et vient de sortir *La Maison de papier*, dont on a beaucoup parlé. Elle me décrit sa façon de vivre, libre et originale, me dit qu'elle habite un grand duplex de 220 m^2, avec son mari, qui est peintre, ses quatre enfants et d'autres amis qui, comme elle, disposent chacun d'une pièce : un danseur, un photographe, une bouddhiste… Tous forment ainsi une communauté culturelle, s'épanouissant dans leur art ou leur méditation, et se retrouvent pour les repas ou des soirées durant lesquelles l'on chante, l'on boit du vin, l'on discute du dernier livre à la mode ou du film qui vient de sortir. Là-bas, Mariem se sent libérée de toute oppression :

« Viens, ajoute-t-elle. Monte avec moi cinq minutes, je vais te la présenter : tu vas l'adorer ! »

Je l'accompagne au deuxième étage, jusqu'à chez toi. Déjà Mariem annonce ma venue :

« Je veux te présenter une amie de Nice, crie-t-elle dès l'entrée, on peut entrer ?

— Mais bien sûr, venez dans ma chambre ! Je finis de me sécher les cheveux. »

Ma première vision de toi, Françoise, est donc celle d'une femme en jean, la tête en bas, que tu frottes vigoureusement, cachée sous une serviette éponge ! Tu lèves la tête, on se regarde, on se sourit… Je suis tout de suite frappée par tes yeux bleus transparents, la douceur de ta voix grave et ton débit de paroles, lent, calme, si posé… Tu as la même sensualité que Delphine Seyrig, quand elle parle. On ne peut imaginer l'influence que cette actrice exerça sur notre génération, fascinée par son charme et son naturel voluptueux.

Sur le grand lit, enclos dans une vaste bibliothèque, quelques livres ouverts, un cendrier, une guitare et un chat. Je te demande si tu joues de cet instrument, tu me réponds que tu essaies de t'accompagner quand tu chantes pour les enfants ou lors de spectacles que tu écris pour le jour de Noël.

« Et vous, vous jouez aussi ?

— Oui, je m'accompagne à la guitare lorsque je n'ai pas de piano. »

Mariem raconte nos rendez-vous de la petite maison, nos soirées-chansons ; elle précise que j'ai gagné le télé-crochet de Télé Monte-Carlo, que je viens poursuivre mes études de psychologie pour faire plaisir à ma famille, mais que je voudrais surtout chanter mes chansons dans les cabarets…

Et tout s'enchaîne très vite : on se tutoie, on fredonne de vieux refrains que me chantait jadis ma grand-mère : « Et celle-là, tu la connais ? "Buvons, buvons, buvons, à l'Indépendan-an-ce du mon-onde !" » Tu poursuis avec des airs de la Commune, des complaintes d'Aristide Bruant, de Montéhus… Je te réponds avec des chansons de Théodore Botrel, celle de Grégoire que tout le monde trouvait petit – « t'es ben trop petit, mon ami » – et que Jésus accepta en son paradis, qui « est pour les petits », des mélodies et des berceuses corses, des couplets d'Yvette Guilbert, de Berthe Sylva, sans parvenir à me rappeler toutes les paroles (pour cette raison, plus tard, tu copieras les paroles des chansons que nous aimons dans un cahier que j'ai toujours, afin que chacun puisse les reprendre autour du piano)...

On rit beaucoup, le soir tombe vite (nous sommes ensemble depuis le début de l'après-midi), tu bois du Glenfidish avec du Perrier, nous mangeons des chips et des cacahuètes sur le lit et, tard dans la soirée, nous nous séparons en nous promettant de nous retrouver bien vite : j'ai accepté d'écrire des musiques originales pour le prochain spectacle familial que tu prépares pour Noël...

Quand je me retrouve dans la rue, j'ai l'impression de sortir d'un rêve.

Je me sens légère, j'ai envie de chanter, de parler à tout le monde de cette rencontre extraordinaire qui, je le sens déjà, va changer ma vie !

Il n'y a jamais de hasard[3]

Il n'y a jamais de hasard
Même si c'était un peu tard
Tu es entré dans ma maison
Je t'ai reconnu un soir
Au fond de la lune noire
J'ai reconnu nos émotions
Il n'y avait plus qu'à y croire
Je t'ai invité à boire
Un filtre d'amour de passion
J'ai senti monté l'espoir
J'avais du mal à pouvoir

Tenir la conversation
Je nous voyais dans le noir
Pour le plus doux des abandons

C'était comme une évidence
Ce moment trouble et intense
Juste au bord de la perfection
Ne pas freiner l'attirance
Qui m'envahit et je pense
Pourquoi cette fascination
Ce goût de la défaillance
Serait-ce une renaissance
Je me perds dans trop de questions
Je parlais en abondance
De tout de rien dans un sens
Je voulais faire diversion
Pour alléger tes défenses
Tout pour alléger nos tensions

Je sentais flotter dans l'air
Un parfum lourd et pervers
J'attendais une conclusion
Le besoin d'être sincère
D'aller tout doucement vers
La vérité sans traduction
Alors tu as bu ton verre
D'un trait tu as découvert
Le feu de la situation
Y avait une autre lumière
Dans tes yeux du bleu du vert
À en perdre la raison
Et c'est ce qu'on a su faire
Point d'orgue sur la partition

Il n'y a jamais de hasard…

Mon journal
Prémonitions

21 octobre 1969

« Je suis à Paris depuis deux jours.

Je suis seule, je ne sais pas ce qui m'attend.

J'ai peur de Paris. J'ai peur de moi-même. »

24 octobre 1969

« J'ai ma nouvelle guitare. Va-t-elle me servir comme je l'espère ?

Je me vois beaucoup plus chanter que faire de la psycho.

Je me sens seule parmi les autres (déjà !). La musique m'aidera.

Pourrai-je aimer comme mon cœur le demande ? »

Un an plus tard
Mardi 5 octobre 1970

« J'ai rencontré Françoise Mallet-Joris.

Je crois que je serai amenée à la revoir ! Son personnage m'intrigue, sa tendresse me touche.

Aujourd'hui j'ai erré dans les rues…

Je suis seule, vraiment seule. Je ne sais que faire pour avoir un peu de tendresse. Je ne peux encore oublier la sécurité d'une maison, d'un baiser, d'une parole douce qui réconforte et fait que l'on repart d'un nouveau pied. J'ai de l'amour à revendre ! »

9 décembre 1970

« Françoise est élue au Goncourt depuis hier. Je suis fière !

Comme la vie diffère de ce que l'on montre…

J'ai toujours peur, mais comme je suis bien lorsque j'aime ! »

L'amour, tout simplement

Tu m'écris :

Ma petite chérie, c'est extraordinaire comme plus le temps passe, plus je suis seule sans toi, plus tu me manques, plus je me rends compte de ce que tu es pour moi et de ce que tu m'as apporté. Ton coup de téléphone hier, ta petite voix si gaie, si courageuse, si gentille, ont changé la couleur de la journée un moment.

*

Je ne cesse de penser à toi, de chercher une idée pour ta réussite, ton bonheur, ta santé, et mon impuissance me ravage. Je pense que dès mon retour, il faut chercher une idée de disque et nous mettre au travail ; sinon tu vas sombrer dans la dépression…

Tout ce que je veux dire c'est que tout ce que tu vis m'importe, me concerne, autant que ma propre vie. J'espère que tu le sais, et surtout, que de le savoir t'apporte un réconfort dans ce que tu vis qui est dur – je n'insiste pas, je ne pourrai t'aider en étant amorphe et angoissée, donc je lutte, je prie, j'essaye de garder confiance…

Ma chérie, sois en paix autant qu'il t'est possible de l'être. Ne t'identifie pas toi, ton individualité, avec la réussite et l'argent – tu ne dois pas te sentir mise en cause par les difficultés que nous traversons, et il me semble pourtant que c'est ça qui avant tout te mine. Je ne sais comment faire pour t'expliquer ce que je sens, l'être exceptionnel que tu es et seras toujours pour tous ceux qui t'aiment. Ne te laisse pas démolir par ce monde qui n'est qu'apparences. À quoi servirait tout ce que je pourrais te dire sur ce que je ressens pour toi, aussi fort que si tu étais mon enfant, et que j'enrage et que je désespère à la fois de ne rien pouvoir pour ton bonheur profond ? Je t'embrasse, je reviens, je prie pour avoir la force et les idées pour t'être d'une aide efficace, et je t'envoie, ma chérie, ma plus profonde tendresse.

La graine est plantée !

Depuis ce jour du 5 octobre 1970, tu occupes mes pensées.

Tu es dans ma tête, plus tard tu seras dans mon cœur.

Enfin, tu seras dans mon corps.

À mon arrivée à Paris, j'habitais rue des Guillemites, dans le quartier du Marais, avec une amie. Elle était la fille de la meilleure amie de maman et, chaque week-end, nous allions chez sa mère, à Clermont, dans l'Oise. C'était une artiste enjouée, extravagante, qui avait formé autour d'elle un cénacle de peintres, d'écrivains, d'intellectuels, qui l'obligeait à une modernité éclairante. Elle m'avait initiée, dès ma plus tendre enfance, à la musique, à la peinture, aux chansons et à la cuisine. Grâce à elle, j'avais découvert la valeur d'un vin et le sens de la fête, la jouissance de la vie !

Je lui racontai donc ma rencontre avec Françoise, dont elle avait apprécié les livres. Elle me fit d'abord part de sa surprise – elle s'était aperçue que je paraissais plus sûre de moi, plus joyeuse depuis le dernier week-end et ne savait à quoi en attribuer la cause. Aussi, m'encouragea-t-elle à fréquenter une femme aussi généreuse, dont les bienfaits se manifestaient de façon si visible.

Notre rencontre avait dû t'ébranler, toi aussi, car bientôt tu souhaitas me revoir, afin de poursuivre ce moment magique, parenthèse d'un quotidien souvent ennuyeux.

J'étais attirée par toi. Je te sentais douce, enveloppante, maternelle. Nul doute que je faisais lentement un transfert maternel, tout en ayant envie de partager avec toi l'excitation de la création. Oui, c'est incroyable comme j'ai tout de suite ressenti cette envie…

Très vite après notre rencontre, j'ai parlé de toi à Grigri, tendre surnom que je donnais à mon ami d'enfance Michel Grisolia, qui, de Nice, était monté à Paris pour devenir critique de cinéma. Sa personnalité si singulière, son esprit, son sens de la repartie, sa causticité me séduisaient depuis que je le connaissais et qu'à l'âge de neuf ans, pour nous amuser, nous avions commencé à écrire des petites chansons. Naturellement, j'eus envie que vous vous rencontriez, ce qui se fit joyeusement. Michel Grisolia participa dès lors aux répétitions du spectacle de Noël, dont toi et moi écrivions les chansons.

Nous avons commencé à travailler tous les trois autour du piano dans une ambiance détendue, sans aucune contrainte mondaine ou morale. Et c'est ainsi que notre Amour a pris forme.

Peu à peu, tu es entrée dans mes rêves, comme moi dans les tiens. Peu à peu, nous avons eu de plus en plus de mal à nous séparer. Tu étais heureuse, mais tu n'aimais pas les mondanités, les réceptions, le parisianisme. Tu voulais toujours te coucher tôt pour mieux travailler le lendemain matin. Tu étais belle et secrète, directe et mystérieuse, pleine de contradictions. D'une force inouïe et d'une très grande fragilité.

Tous les sentiments et les élans qui me portaient vers toi allaient en s'amplifiant. J'aimais ton assurance tranquille – non dénuée d'inquiétude. Je prenais des leçons devant ta solidité et ta repartie qui te permettaient de déjouer les pièges d'un journaliste hostile ou peu amène. J'avais aussi envie de te protéger lorsque tu te perdais dans une soudaine angoisse à la tombée de la nuit…

Et puis, un jour sans te voir m'est devenu insupportable.

Pour toi, aussi.

Je crois que c'est à ce moment que nous avons décidé de ne plus continuer ainsi.

Pourquoi je t'aime[4]

Je ne sais pas pourquoi je t'aime
Une musique court dans ta voix
Je ne sais pas pourquoi je t'aime
Tes gestes graves dans nos émois

Comme un lierre qui cache la maison
Comme l'eau sous les joncs
Petit à petit, tu m'as envahie
Dans la douce prison de tes deux bras
Je ne bouge pas

Je ne sais pas pourquoi je t'aime
La transparence de tes regards
Je ne sais pas pourquoi je t'aime
C'est le miracle, c'est le hasard

Comme un brouillard qui traîne sur les champs
Comme l'écho d'un chant
Petit à petit, tu m'as envahie
Dans la douce prison de tes deux bras
Je ne bouge pas

Je ne sais pas pourquoi je t'aime
Mais ta présence parle pour toi
Je ne sais pas pourquoi je t'aime
Dans le silence de notre joie

C'est à mi-chemin[5]

Ref

Entre toi et moi
Entre doute et joie
Entre rien et tout
Entre chien et loup
C'est à mi-chemin
Entre tout et rien
Que je te rejoins

Entre jeu et joie
Entre feu et froid
Entre fleur et fruit
Entre jour et nuit
C'est à mi-chemin
Entre tout et rien
Que je te rejoins

2/ Entre flûte et cor
Entre amour et mort
Entre Tu et vous
Entre sage et fou
C'est à mi-chemin
Entre tout et rien
Que je te rejoins

/cuivre et or

Entre ici et là
Entre rêve et drap
Entre alliance et feu
Entre corps et cœur
C'est à mi-chemin
Entre tout et rien
Que je te rejoins

3/ Entre tôt et Tard
Entre viens et pars
Entre Terre et ciel
Entre ombre et soleil
C'est à mi-chemin
Entre tout et rien
Que je te rejoins

Entre près et loin
Entre plus et moins
Entre oui et non
Amour et raison
C'est à mi-chemin
Entre tout et rien
Que je te rejoins

~~Entre tu et vous~~

Entre oui et non

~~Entre Fleur et Fruit~~
Entre bleu et gris
~~Entre jour et nuit~~
~~Entre jeu et joie~~
Entre feu et froid
- près et loin
noir et blanc
- plus et moins
viens et pars

drap

Entre corps et cri
Fin
juin
lien
viens, Tiens
doux

grain
rain
déjà

pied
lys
dé
quai
port

entre paille et grain
chute

Faux et vrai
oui et chair
corps et cri
sombre et clair

entre rêve et drap

Fièvre
peu

Entre flûte et cor
~~Entre amour et mort~~
entre corps et cœur [tort]

Entre vigne et vin
Entre paille ~~et grain~~ Terre et ciel
Entre Tôt et Tard ombre et soleil
Entre viens et pars
noir rue

feu

Petits poèmes pour rire

Je suis flamande et tu es corse
Il me faut te parler en morse
Tu es du Sud et moi du Nord
Ça ne fait rien on est d'accord

Après mon hépatite (quand je pesais 48 kilos) :

Quoi qu'il se passe
Pas de grimaces !
Mon cœur est gai
Car je vais t'aimer
Ô Marie Paule ma petite chérie d'amour et de choix
La chose principale c'est que tu prennes du poids
Quand tu seras un peu plus grasse
Tu pourras faire la limace
Sur la feuille de chou de mon cœur
Qui se laisse manger avec honneur !

Ta Finouche
Qui revient
T'embrasser sur la bouche
Avec entrain
Vers 3 h 30

Le déjeuner au Petit Zinc

Comme les soirées se prolongeaient souvent, j'ai pris l'habitude de rester dormir dans la chambre d'amis. Tu te levais tôt le matin – tout le monde dormait encore dans l'appartement – pour te rendre au café des Deux Magots, où tu écrivais tes romans, ton journal, des articles, des ébauches de chansons… Tu revenais avec des croissants, le visage éclairé par la joie d'avoir bien travaillé. Lorsque tu ne pouvais rentrer avant mon réveil, tu me laissais partout des petits mots tendres, dans le lit, dans la salle de bains, sur le plateau du petit déjeuner que tu m'avais préparé…

Dès que nous avions un moment de liberté, nous prenions plaisir à nous échapper et allions soit déjeuner à La Bûcherie, sur les quais, soit boire un verre à Saint-Germain dans un pub, derrière le drugstore. Il nous arrivait aussi de parcourir la rue du Four, en y achetant des tee-shirts amusants ou une paire de chaussures. Ou, plus simplement, d'aller au cinéma.

Un matin, après quelques courses au drugstore, nous rentrions par la place de Fürstenberg quand tu m'as proposé, pour changer un peu, d'aller déjeuner au Petit Zinc, rue de Buci. J'aimais beaucoup ce restaurant et j'étais toujours très heureuse de me retrouver seule avec toi. Nous pouvions nous parler de façon plus intime et découvrir chaque fois un peu plus des petits morceaux de notre vie. Là, j'appris l'amour que tu avais pour ton père, ministre de la Justice en Belgique, avocat spécialisé à Anvers dans les conflits maritimes, et qui, parfois, devait se lever la nuit pour aller faire des constats sur le port.

Tu aimais beaucoup cette ville, où tu étais née. Et retrouvais des émotions de petite fille, en évoquant cette époque.

Tu me parlas aussi de ta mère, Suzanne Lilar, qui fut la première femme avocate de Belgique, mais surtout un grand écrivain – une intellectuelle très impressionnante, qui nous lirait parfois en grec *Le Banquet* de Platon, pendant que nous prendrons notre petit déjeuner ! Drôle, vive et pleine de bon sens, elle s'était opposée, dans un essai passionné – qui fait encore référence –, à Simone de Beauvoir, à qui elle reprochait le fanatisme et le fatras de ses propos. Toute ta vie, tu as recherché sa reconnaissance à travers tes écrits, comme si le fait d'être romancière, écrivain de l'imaginaire, te dévalorisait à ses yeux. (Mais Bergson et Balzac sont-ils comparables ?)

Toi, tu étais une vraie conteuse, enrichissant de mille détails un incident anodin, le rendant exceptionnel, incongru, bizarre. J'étais suspendue à tes lèvres. J'adorais aussi lorsque, soudain, tu entonnais une ancienne comptine parlant d'une petite nonne qui voulait aller danser. Tu la chantais en flamand, puis tu m'en traduisais les paroles. Tu avais souvent des expressions très douces, pour dire ta tendresse.

Ce jour-là, au Petit Zinc, nous avons commandé une bouteille de gevrey-chambertin, mangé peu et beaucoup parlé ! Pour la première fois, je me suis livrée un peu plus. Je t'ai parlé des premiers mois que j'avais passés à Paris, après la mort de maman, lorsque je pleurais jour et nuit dans ma chambre de bonne du boulevard Saint-Germain. En plus de nos rires habituels, je me suis beaucoup dévoilée, te confiant ma solitude et mon ennui dans une vie que je trouvais sans surprise, même si elle avait changé depuis mon arrivée à Paris.

Toi aussi, tu as ouvert ton cœur : tu as évoqué la solitude que tu éprouvais dans ta famille depuis l'enfance, tes parents, tes angoisses récurrentes, tes doutes sur l'écriture… Plus tu parlais, plus je me taisais, émue, troublée. Bouleversée ! Je t'ai découverte sous un nouveau jour… Nous étions tellement hors du monde que, désormais, nous étions les seules dans le restaurant.

Tu m'as alors invitée à poursuivre la conversation chez toi. L'appartement était vide quand nous sommes rentrées – aucun des enfants n'était présent. Tu m'as entraînée dans ta chambre. Et toutes nos défenses ont cédé d'un seul coup, sans doute sous l'effet du bourgogne bu sans modération !

J'ai su, à cet instant, que ma vie basculait et que, malgré ma peur, mes doutes et mes émois, je ne serais plus jamais seule.

L'heure d'été[6]

Pour notre amour, je veux toujours
L'heure d'été
Et le plus long de ses longs jours
Enchantés
La lumière s'y boit comme un verre d'eau limpide
Le temps est fluide
Et va durer
Pour notre amour, je veux toujours
L'heure d'été

Pour notre amour, je veux toujours
L'heure d'été
Et que le temps fasse un détour
Par juillet
La lune dit l'avenir dans sa pâleur liquide
Le soleil guide
Quelques bergers

Pour notre amour, je veux toujours
L'heure d'été

C'est le jeu de l'ombre et de la clarté
Midi et minuit sont réconciliés
C'est le jeu de l'ombre et de la clarté
Nos corps dédoublés
Aux visages sombres, aux cheveux dorés
Aux cheveux dorés

Pour notre amour, je veux toujours
L'heure d'été
Mais quand les jours deviendront courts
Et glacés
Nous serons à nous-mêmes notre propre lumière
Le feu de bois
De nos hivers
Pour toi et moi, je veux toujours
L'heure d'amour

Et ton corps, mon corps sont transfigurés
Midi et minuit sont réconciliés
C'est ton corps, mon corps, sur le drap brodé
À jamais liés
Et même nos ombres se donnent un baiser

*

Ma lèvre a saigné ce matin[7]

Ma lèvre a saigné ce matin
Sous ton baiser.
C'était hier et c'est déjà trop loin

Et si j'ai mal ce soir
Je te le jure
C'est d'attendre jusqu'à demain

L'amour paraît si proche
Je me reproche
D'en douter parfois
Ce soir, nos mains se joignent
Mais tu t'éloignes
Je doute de toi

Mon cœur a saigné ce matin
Un simple mot.
C'était hier et c'est déjà trop loin
Et si j'ai mal ce soir
Je te le jure
C'est d'attendre jusqu'à demain

Proche comme un mirage
Ton clair visage
Qui va et qui vient
Surgit comme l'écume
Comme la brume
Il disparaît loin

Plus douce chaque jour
Ta meurtrissure
Il n'est pas de mal sans amour
Et ma blessure
Toujours s'apaise et meurt
Et renaîtra toujours
Toujours s'apaise et meurt
Et renaîtra toujours

Tes mots qui m'ont fait tenir...

Au dos d'une photo noir et blanc de Robert Doisneau, où l'on voit Prévert téléphonant, derrière la vitre floue d'une cabine téléphonique :

Oui je te téléphonerai mais de si loin ça me paraîtra toujours insuffisant, un peu frustrant, je ne pourrai pas te dire combien je voudrais t'infuser un peu de ma chaleur, de ma force à moi, non pas que tu en manques, mais parce que tu sais donner mieux que recevoir (c'est le plus difficile) et que la communication et l'amour (même celui de Dieu) c'est deux personnes. Alors n'entends pas les mots, mais le Gulf Stream de tendresse que je t'envoie pour te tenir chaud, et renvoie-le-moi pour qu'en attendant de le faire dans la mer nous nous baignions ensemble dans la confiance.

*

Derrière la photo de la gare Montparnasse, la nuit :

Mardi, la gare, 9 h 40

Ma petite bien-aimée, tu n'es pas encore partie et vite je te mets ce petit mot pour que tu le trouves quelque part et qu'il te dise tout mon amour, tout le courage que je veux avoir pour toi et rien que pour toi. J'avais tellement perdu confiance en la vie, mon petit mignon, et tu me l'as redonnée. Nous devons ne pas avoir peur, ni de la vie, ni des gares! [flèche montrant la légende de la photo de la gare] *mais avoir confiance, brûler paisiblement comme les petites bougies dans l'église en répandant si possible un peu de lumière autour de nous. C'est ce que tu me donnes mon petit chéri si doux, même quand tu n'es pas là. Alors à très bientôt dans tes bras, mais dans ton cœur je sais que j'y suis et je marche le front haut!!*

Je t'aime et je t'aime

*

Au dos d'une carte postale représentant les machines de Léonard de Vinci :

Parfois je me suis dit, ma chérie, dans le manque si douloureux de ta présence (manque qui est tout de même une richesse, car tu existes, tu es là), que j'aurais voulu, comme dans les contes, avoir une machine à remonter le temps pour retrouver les instants si précieux que tu m'as donnés. MAIS NON! Il ne faut pas se retourner vers ce passé qui était beau et doux, mais se tourner vers l'avenir qui est à nous, si nous savons l'inventer : des formes nouvelles de travail et d'amour, des forces nouvelles pour vivre ensemble du nouveau – DÉCOUVRONS-NOUS ! Nous en valons la peine !

*

Tout ce que je fais s'adresse à toi.

*

Pour mon anniversaire :

25 janvier 1998

Bon jour de naissance, ma douce chérie. Il est bon en tout cas pour tous ceux qui t'aiment et qui t'admirent. On peut (St Jean) « donner ce qu'on n'a pas » et tu donnes joie, mélancolie, pluie d'émotions, espoir, courage, élan.

Que ce que tu donnes avec une générosité d'enfant surdoué te revienne en avalanches d'émerveillements, de grâces de toutes sortes, en pluie de perles et de fleurs. S'il t'est rendu seulement ce que tu m'as donné, tu dois en être inondée de lumière.

Naissance et renaissance dans la foi et la joie, chaque année jusqu'à la dernière : Voilà mon vœu pour ce jour où l'on ne vieillit pas mais où on célèbre le don de la vie.

Soir 8 h 20

Ma chérie,

Je pense à toi en ce moment, et que tu es ce que j'ai eu de meilleur dans ma vie – comme un merveilleux et drôle de petit cerf-volant venu flotter autour de moi. Parfois il m'énerve un peu, ce tournoiement, mais comment vivre sans ces réconfortantes couleurs si jolies ?

TU ES MON AMOUR

Je voudrais avoir du temps pour me promener avec toi dans des jardins, te parler, faire avec toi des tas de petits cerfs-volants.

Ta F.

Nos maisons

Après la révélation de ce désir fou, notre amitié, qui était devenue amoureuse, s'est muée brutalement en passion.

Chacune de notre côté, nous avions eu des aventures, moi une seule avec une femme (pas encore d'hommes), toi avec des hommes et, peut-être, une femme : tu ne me l'as jamais dit et je n'ai pas cherché à te taquiner là-dessus.

Nous avions beaucoup de mal à ne rien laisser paraître de notre intimité. Le fait de travailler ensemble facilitait pourtant les choses, lorsque nous allions à Anvers ou à Ajaccio, berceaux de nos familles respectives. La tienne m'a aussitôt adoptée.

Ma famille maternelle, corse, bourgeoise, traditionnelle, matriarcale et catholique, semblait, avec une certaine hypocrisie, ne rien voir de notre liaison, tous très fiers de recevoir un écrivain célèbre. Ma tante, la sœur de maman, que je soupçonnais assez innocente de ces choses du sexe qui, selon elle, n'existaient pas, a nié – presque jusqu'à la fin de sa vie – qu'il ait pu y avoir entre nous autre chose que de l'amitié. Elle t'a accueillie chaleureusement et t'a aimée tout de suite. C'était réciproque et tu lui confieras ta dernière petite-fille, pour des vacances à la montagne. Mon père, lui, paraissait s'accommoder de la situation, tout en regrettant d'être séparé de moi. Médecin généraliste, de la vieille école, il était débordé de travail et, habitant désormais à Paris, j'avais de fait peu de contacts avec lui.

Nous avons nous-mêmes été surprises de l'évolution fulgurante de nos sentiments. Impatientes de nous retrouver seules, nous rêvions d'un lieu où nous isoler, continuer à nous découvrir et savourer notre bonheur.

Tu as loué un studio rue de la Harpe, j'ai déménagé et m'y suis installée. Nous avons acheté une table et quatre chaises de bistrot, un lit et un piano droit pour travailler. Au regard des autres, les apparences étaient sauves…

Parallèlement à ce grand chamboulement, après avoir passé mes deux certificats de maîtrise de psycho, refusé une très belle situation dans une boîte de marketing américaine, et auditionné dans divers cabarets de la rive gauche, j'ai été engagée à L'Écluse et à L'Échelle de Jacob. J'y chantais des chansons farfelues écrites avec Michel Grisolia, qui seront gravées un peu plus tard sur un 45-tours.

Nous nous sommes mises à composer à deux, puis avec Grigri, les chansons de mon premier album et vous avez alors décidé de cosigner à part égale tous les textes, quelle qu'ait été votre participation à l'écriture.

Je suis entrée de plus en plus dans ta vie et me suis rapprochée de la rue Jacob : après la rue de la Harpe, j'ai occupé un duplex sous les toits rue Dauphine, à quelques pas de chez toi. Nous écrivions les Mystères de Noël, puis des chansons, sans arrêt, dès que tu avais un peu de temps libre. Je restais tard, je dormais chez toi et tout naturellement avec toi… Un peu plus tard, tu m'as même intégrée à ta famille. Je commençais à me faire connaître professionnellement et à bien travailler. J'ai acheté mon premier piano à queue et l'ai installé au deuxième étage de la rue Jacob. Tu avais partagé ton appartement en deux : le haut pour nous, le bas pour la famille. Nous vivions tous ensemble et cela s'était fait naturellement, chacun ayant sa propre vie et son histoire. La nôtre commençait, au sein de la tienne…

Alors que notre histoire d'amour perdurait, avec ses emballements et ses libertés, nous avons acheté, pour mieux travailler et nous isoler du brouhaha parisien, une minuscule maison de trois pièces à Bulles, un petit village dans l'Oise. Notre première maison ! (Comme Cadet-Roussel, nous en aurons trois.) Nous y sommes venues pour de longs week-ends, puis pour une ou deux semaines. La cuisine donnait sur une courette, une grange et une allée sauvage bordée de grands arbres. Un énorme rosier jaune trônait dans cette cour et l'embaumait d'une odeur envoûtante. Les roses jaunes étant mes fleurs préférées, j'y voyais le signe du bonheur…

Dans le même village, près de l'église, nous avons eu plus tard une autre maison, plus grande. Grigri est venu y séjourner, lorsque nous avons écrit les chansons de mes albums, qui se succédaient rapidement après le succès de « La Parisienne ». Du matin au soir, nous baignions dans la quête de la mélodie et des paroles que nous créions ensemble dans le grenier aménagé à cet effet : charpente en bois, moquette blanche très épaisse et piano droit, qui sonnait parfaitement. Nous partagions fous rires, doutes, émotions et silences – toutes les joies de la création…

À peine les travaux achevés, toi et moi sommes allées rendre visite à un ami, près de Compiègne. Il habitait à Arsy, en face d'une maison magnifique, communs d'un manoir du XVIIIe qui n'existait plus. Une longère en pierres, avec des dépendances bordant une allée pavée, une tour à l'œil-de-bœuf romantique, un grand parc de deux hectares où étaient plantés des arbres à l'essence rare. Nous sommes tombées sous son charme.

La maison était à vendre. Nous l'avons visitée et, dans l'élan, avons décidé d'y vivre ensemble, maintenant que tu étais séparée de ton mari.

Tout excitées par cet achat et après quelques travaux, et l'acquisition de petits fauteuils ou de meubles originaux dans les brocantes ou salles de ventes alentour, nous avons enfin posé nos valises dans cette bâtisse de rêve, où chaque chambre était décorée dans un style différent. La nôtre, aux grosses poutres en bois brut, était très spacieuse. J'ai installé mon Steinway dans une pièce immense, située dans une dépendance, à côté de la tour. Ce sera mon studio de travail : j'y élaborerai des maquettes mais, surtout, j'y répèterai avec les musiciens. Dans le salon de la maison principale, se trouvait mon piano droit, pour créer à tout moment, dès le petit déjeuner.

Enfin, nous étions au paradis !

Gratteuse de tomettes

Le 8 août 1972, d'Anvers où tu étais chez tes parents :

Mon trésor chéri, quelle surprise de recevoir ta longue et gentille lettre ce matin ! Mais je suis furieuse que tu aies passé cinq heures à gratter des tomettes ! As-tu une vocation de gratteuse de tomettes ? Veux-tu faire une carrière dans la tomette ? Tu te fatigues dans ce perfectionnisme ménager, mon doux cœur ; je n'aurai pas le cœur de te le reprocher, car je sais que c'est pour nous que tu le fais. Mais mon aimée, je serai toujours heureuse avec toi, même si une ou deux tomettes laissent à désirer.

« Le lys des champs ne travaille ni ne file, et pourtant Salomon, dans toute sa gloire… »

Je t'aime.

Dernière lettre avant le retour. J'ai tellement envie de te voir moi aussi. C'est comme attendre Noël quand on est petit – à la fois un cadeau merveilleux et une surprise toujours, et aussi une habitude si paisible, si tendre. Mon petit cœur qui m'a tout donné si vite, avec tant de confiance. Mon chéri je t'aime tant entre autres choses, entre mille autres choses pour cette confiance que tu m'as fait et qui aurait pu être si imprudente. Mon amour aimé, mon amour-de-ma-vie, tu es le seul être au monde qui m'ait ainsi tout donné, si spontanément, si généreusement, et je te donne aussi tout mon cœur pour toujours, tu sais. Je pense à toi. Plus que 2 jours ! Pourvu que tu sois prudente ! Je voudrais déjà être près de toi... Je t'adore. Ne te préoccupe de rien, j'arrive, nous arrangerons tout ensemble et tout sera bien. Surtout aucun fantasme ni idée noire. Tu dois être joyeuse – le contraire serait un grave PÉCHÉ. Hier soir j'ai vu les orgues de l'ami de papa, splendides. Il va donner une soirée en septembre où nous serons invitées pour les montrer en plein fonctionnement.

Je t'embrasse encore sur le papier, et peut-être déjà en réalité. Je t'aime de toute mon âme, je t'aime.

Ta F.

*

Au dos d'une photo de maison rococo, dont les murets et escaliers du jardin sont construits en coquillages :

Est-ce dans ce genre de maison que nous finirons nos jours ? En tout cas je suis en train de nettoyer la chambre à fond pour que tu en aies la surprise. Je t'aime, je suis heureuse – et malheureuse à périr sans toi. C'est dur, il me semble que je n'ai pas de langage commun avec les autres. Mon amour, mon amour. J'espère que tu t'amuses, mon aimée ; je suffoque sans toi sitôt que je ne travaille pas. Ma vie, ne me laisse jamais, j'en mourrais tout doucement sans bruit. Mais je ne mourrai pas et vivrai très gaiement, j'espère. Dis-moi bien l'heure de ton retour le 14 que je ne perde pas une minute pour venir te chercher. Je T'AIME.

Françoise

Ma photo préférée

J'ai mis en fond d'écran, aujourd'hui, la photo de toi que je préfère : concentrée devant ta machine à écrire, posée sur une table de bistrot, tu allumes une cigarette. Pieds nus. Juste habillée d'un jean et d'une chemise à gros carreaux bleus. On sent que tu réfléchis. Tu ne vois rien autour de toi, même pas moi, derrière l'objectif…

Souvent, je te parlais et, toi, tu continuais à évoluer dans ton monde, sans m'écouter, en me fixant de tes yeux bleus, à la fois si clairs et transparents, absents et si présents. Tu étais ailleurs, je le savais, mais faisais semblant de te croire captivée par mes propos. Un double langage qui m'amusait sauf, peut-être, lorsque j'avais vraiment quelque chose à te raconter, que je souhaitais tout de suite partager !

Tu gardais, toi aussi, sur une étagère une image de moi que, malgré tes différents déménagements, tu n'as jamais perdue : je suis jeune, très bouclée, brune avec ma mèche blanche (ce doit être au début de notre rencontre), et j'essaie d'apprendre à siffler, avec deux doigts de chaque côté de la bouche (je n'y suis jamais arrivée!). C'est toi qui as pris cette photo. Tu adorais cet instant arrêté, suspendu dans un moment de joie, de rires et de bonheur tout simple.

Peut-être est-ce ce jour-là que tu m'as déclaré : «Je te remercie car, grâce à toi, je sais ce que veut dire le mot bonheur!» Eh bien, moi, chaque seconde, aujourd'hui comme hier, je te remercie de m'avoir fait comprendre le sens du mot Amour – ce que je ne t'ai pas assez dit.

Après ton décès, j'ai souhaité récupérer cette photo. On ne l'a pas retrouvée – comme si elle était l'unique représentation de ce que je fus pour toi et qui est à jamais perdue…

Petits bols d'amour

Un lundi (de quelle année ?), tu m'écris sur du papier rose :

Papier rose, et ma pensée l'est quand je pense à toi, encore que mon impatience grandisse toujours. 2 jours 1/2 !... Pour le roman, je ne sais plus. Je crois que je reprendrai des forces après avoir retrouvé mon cher petit lutin. Il me manque de n'être pas assez dérangée.

Achète du thé (russe ou Chine, mais pas dans l'épicerie chinoise, au drug et des biscottes – et un plat pour le chat si tu es toujours d'accord pour le transformer en animal de luxe). Je t'aime, t'aime. Je suis si impatiente de te voir que je me réveille à 5 heures du matin, les nerfs en pelote. Ah ! Si tu étais là ! Pourvu que tu y sois demain soir ou je vais m'imaginer des choses épouvantables. Mon aimé chéri, je te récrirai encore demain – maintenant encore et encore des baisers... J'ai tellement hâte de t'apercevoir sur le quai, ta chère jolie figure fine me cherchant – oh ma chérie, je t'aime

Ta F.

*

Le 14 février 1975

Petit chéri aimé, un mot en attendant ta venue dimanche. Je sais que tu le recevras après, mais c'est pour que tu trouves quelque chose à Châteauroux. Reçu ta bonne lettre ce matin, pleine de courage et de gentillesse. C'est comme ça que nous devons être. Ne nous laissons pas aller, mon mignon, nous travaillons pour nous autant que pour les autres. Mais quel vide sans mon petit chéri ! Je travaille, je range, je suis calme, mais un peu triste. Quand je lis quelque chose de drôle, je me tourne vers toi pour te le dire… Tout étonnée de ne pas trouver ton petit museau à embrasser.

… Il ne faut pas s'interroger, et aller de l'avant, je crois. Je pense à toi, je travaille avec le sentiment de tenir ta petite main fidèle. Je t'aime, mon chéri, avec toute la confiance et la patience du monde. Quand tu reviendras, j'essaierai de te faire des chansons plus belles pour que nous les donnions ensemble à tout le monde, comme des fleurs. Je t'aime encore et toujours.

*

J'attends ce moment à Nice où je te verrai arriver, tout essoufflée, tout affolée, parce que tu seras mal garée, parce que tu auras trop de paquets, trop de choses à dire et tout, je l'attends avec exaspération. Mon petit chéri je t'aime tant...

*

Le 17 juillet 1975

Mon tout petit merveilleux, je n'ai plus grand-chose à te dire avec ces coups de fil, sinon que je t'aime et que je pense à toi. En promenant le chien le matin dans les dunes, je pense à toi, si gentille, si belle, si drôle, si pleine de tous les talents et je peux à peine m'empêcher de rire en pensant au bonheur que j'ai de t'avoir rencontrée et que tu m'aimes.

Les mystères et la naissance de « La Parisienne »

À peine t'avais-je rencontrée que tu m'as entraînée dans la création de musiques pour le spectacle que tu écrivais chaque année, en vue d'une représentation unique, le jour de Noël. C'était un cadeau extraordinaire que tu destinais à ta famille et à tes amis les plus proches.

Tu considérais que le plus beau présent que l'on puisse faire à ceux que l'on aime était de leur offrir son temps et son travail. Et Dieu sait combien de temps et d'énergie tu nous as donnés…

Le sujet devait toujours avoir, de près ou de loin, un rapport avec Noël. Mais ce rapport était souvent très lointain, car tu te laissais emporter dans une intrigue invraisemblable et des dialogues hilarants, qui nous faisaient plier de rire !

Je me souviens que, pour la représentation de *La Vie intime des Rois Mages* ou d'*Une bonne action de Lucrèce Borgia*, derniers mystères d'une longue série, près de deux cents personnes étaient entassées dans le grand salon de ton appartement rue Jacob (certains montés sur des échelles pour mieux voir !). Il faut dire que, année après année, nous nous étions perfectionnés, chacun dans notre spécialité. Ton mari, peintre, s'occupait des décors, Bobby, un ami danseur, de la chorégraphie, moi de la musique et toi, bien sûr, de l'écriture de la pièce en alexandrins. J'ai toujours admiré ta facilité à les écrire, mais aussi à les improviser : tu pouvais tenir toute une conversation en alexandrins, avec des rimes parfois très sophistiquées !

Le défi que tu t'imposais était difficile et il devenait chaque année de plus en plus fou, avec l'augmentation du nombre de participants : ainsi, dans *La Vie intime des Rois Mages*, tu avais écrit vingt-cinq rôles ! Dès le mois de septembre, tu commençais par établir deux colonnes : l'une avec le nom des amis qui voulaient jouer et, en face, le rôle qu'ils souhaitaient interpréter, dans l'idéal. En fonction de ces demandes, tu construisais une histoire complètement farfelue, où des personnages de toutes les époques, fictifs ou réels, se côtoyaient. Chacun prenait son rôle très au sérieux : je me souviens qu'un ami banquier tenait à interpréter le pape Borgia. Je lui avais composé des chants grégoriens et il s'entraînait dans son bureau, à la banque, sous le regard ahuri de ses collaborateurs !

Puis venaient les soirées de répétitions, où le moindre détail était peaufiné. Il fallait savoir son texte et ordre était donné de ne pas boire avant les répétitions. Mais, après, c'était la fête autour de la grande table en bois. Nous étions si joyeux que, un soir, des passants, entendant nos rires de la rue, sont montés nous rejoindre. Personne ne les connaissait et chacun imaginait qu'ils avaient été invités par quelqu'un d'autre, car il arrivait que certains soient conviés à l'improviste. Jusqu'à ce qu'ils finissent par nous confier être des marchands de jouets, venus à Paris constituer leur stock de Noël ! Ils étaient ravis de leur soirée…

Dans *Le Sabot de l'Orpheline*, l'action se passait à la Belle Époque et je devais écrire des musiques dans le style d'Offenbach, que nous adorions toutes les deux. (Dans mon enfance, maman chantait «L'Air de la lettre» dans *La Périchole* ou «La Barcarolle» des *Contes d'Hoffmann*, et ma grand-mère enchaînait avec d'autres airs d'opéras.) C'est donc dans cet état d'esprit que j'ai écrit la musique de «La Parisienne».

Nous l'avons repris quelques années plus tard, en 1976, en racontant, par la caricature, mon arrivée à Paris. La chanson est sortie en pleine période disco et, à notre plus grande surprise, elle n'a jamais cessé de passer sur les ondes.

Elle reste ma carte d'identité et je ne peux, encore aujourd'hui, finir un tour de chant sans la chanter !

Je ne suis pas parisienne[8]

1. Lorsque je suis arrivée dans la capitale
J'aurais voulu devenir un' femme fatale
Mais je ne buvais pas je ne me droguais pas je n'avais aucun complexe
Je suis beaucoup trop normale
Ça me vexe

Ref. Je n'suis pas ~~[illegible]~~ parisienne
ça me gêne (bis)
je ne suis pas dans le vent
c'est navrant (bis)
Aucune bizarrerie
ça m'ennuie
Pas la moindre affectation
je ne suis pas dans le ton
Je n'suis pas végétarienne
ça me gêne (bis)
je n'suis pas karateka
ça me met dans l'embarras
Je ne suis pas cinéphile
c'est débile (bis)
je ne suis pas M.L.F.
je sens qu'on m'en fait grief.

2. Bientôt j'ai fait connaissance d'un groupe d'amis
Vivant en communauté dans le même lit
Comm' ~~[illegible]~~ je ne buvais pas je ne me droguais pas je n'avais aucun [complexe
Je crois qu'ils en sont restés
Tout perplexes

Je ne suis pas nymphomane (kleptomane)
on me blâme (bis)
je ne suis pas travesti
ça me nuit (bis)
Je ne suis pas masochiste
ça existe (bis)
~~[illegible]~~ Pour réussir mon destin
Je vais voir le médecin
Je ne suis pas schizophrène
ça me gêne
Je ne suis pas hystérique
ça s'complique (bis)
Oh! dit le psychanalyste
que c'est triste
Je lui dis je désespère
je n'ai pas de goûts pervers

3 - Mais si! me dit le docteur en se rhabillant
Après ce premier essai c'est encourageant
Si vous ne buvez pas vous ne vous droguez pas et n'avez aucun complexe
Vous avez une obsession
C'est le sexe

Depuis je suis à la mode
je me rode (bis)
Dans les lits de Saint-Germain
c'est divin (bis)
Je fais partie de l'élite
ça m'excite (bis) [var. ça va vite]
et je me donne avec joie
Tout en faisant du yoga
Je vois les films d'épouvante
je m'en vante (bis)
En serrant très fort la main
du voisin (bis)
Me sachant originale
je cavale (bis)
J'assume ma libido
Je vais draguer en vélo
Maint'nant je suis parisienne
J'me surmène (bis)
Et je connais la détresse
et le cafard et le stress
Enfin à l'écologie
J'm'initie (bis)
Et loin de la pollution
je vais tondre les moutons!

Poèmes en étincelles (improvisés)

Marie-la-mienne

Tu as sur le front une ride un peu sévère
Dont s'étonnent tes yeux d'enfant
Tu viens d'acheter encore un autre pull-over
Qui ne va pas avec tes autres vêtements.

Comme une petite nonne un peu sèche
Dans les longs couloirs du couvent
Qui ne veut pas céder à l'extase
Et qui marchant sur sa robe éclate de rire, pourtant.

Comme une petite nonne un peu dure
Qui veut que les pauvres soient méritants
Qui vide tout à coup sa petite bourse de Prisunic dans un élan
Et s'en confesse en rougissant.

Comme une petite nonne impure
Qui a vu le diable de très loin
Qui pouffe de rire entre ses doigts très fins
Et qui est bien contente d'être à l'abri de quatre murs

Comme une petite nonne au cœur très saint
Qui croit qu'elle n'a rien fait parce qu'elle ne soigne pas les [lépreux
Parce qu'elle voudrait bien être aimée un petit peu
Et que, Seigneur elle n'est pas digne, même en latin

Comme une petite nonne très sage
Qui range dans une boîte des bons points et des images
Qui accumule un tas de mérites tout petits
Et ne s'aperçoit pas qu'elle est déjà au Paradis

Tu as sur le front une ride un peu sévère
Que démentent tes yeux d'enfant
Tu regardes ta montre pour mieux faire
Et tu transportes en toi, sans le savoir, ton reliquaire
Ton Sacré-Cœur d'où coulent du miel et du sang
Qui ne va pas avec tes autres vêtements…

Pour Marie-la-mienne
19 février 1979

*

*Au cimetière étrange de Lofoten**

Tous les morts sont lavés de pluie vieille et sale
Au cimetière étrange de Lofoten
L'horloge du dégel tictaque lointaine
Au cœur des cercueils pauvres de Lofoten.

---

* L'archipel des îles Lofoten (en Norvège), encore à l'état sauvage, offre des paysages majestueux. Je chantais sur un bateau de croisière qui parcourait le Spitzberg et la Norvège. Il avait fait escale dans un fjord et nous avions visité ces îles. Françoise, qui m'accompagnait, avait beaucoup apprécié ce voyage.

Et grâce aux trous creusés par le noir printemps
Les corbeaux sont gras de froide chair humaine
Et grâce au maigre vent à la voix d'enfant
Le sommeil est doux aux morts de Lofoten.

Je ne verrai très probablement jamais
Ni la mer, ni les tombes de Lofoten
Et pourtant c'est en moi comme si j'aimais
Ce lointain coin de terre et toute sa peine

Vous disparus, vous suicidés, vous lointaines
Au cimetière étrange de Lofoten
Le nom sonne à mon oreille étrange et doux,
Vraiment, dites-moi, dormez-vous, dormez-vous ?

*

Sur une carte postale représentant les calligraphies d'une mosquée d'Istanbul, tu m'écris :

Calligraphies

1
Mystérieuses sont
les calligraphies
ainsi de nos cœurs
qu'on radiographie
cherchant la raison
de tant d'affliction

2
Mais point ne t'y fie
les calligraphies
sont divinations
chemins de la vie
détours des passions
sont consolation

3
N'émets nulle plainte
dans le labyrinthe
tu en tiens le fil
tisse ta complainte
avance sans crainte
Et sors de l'exil

4
La main de l'Archange
a l'arbre vendange
déjà les fruits lourds
Cueille ou bien engrange
sois aigle ou mésange

Ce jour est <u>le</u> jour.

Humiliations et récompenses

Lorsque nous avons décidé de montrer nos premières chansons à des professionnels, nous avons naturellement pris rendez-vous avec le directeur de la maison de disques CBS, celle qui avait enregistré mon tout premier disque – récompense du télé-crochet que j'avais gagné.

Tu tenais à m'accompagner dans cette épreuve, que je vivais comme un examen !

Le P-DG nous a reçues dans un grand bureau, plutôt impressionnant, et, après avoir écouté quelques titres sans un mot, a déclaré en s'adressant à toi : « Madame, les écrivains sont faits pour écrire des livres : quand ils écrivent des chansons, c'est de la merde ! Contentez-vous donc d'écrire des livres et arrêtez les chansons. »

Nous sommes sorties de là complètement démolies. Tout ce travail, tous nos rêves, tous les espoirs de sortir du circuit des cabarets s'étaient envolés d'un coup.

Mais nous insufflant de la force l'une à l'autre, nous avons repris confiance et c'est avec ces mêmes chansons que nous avons obtenu, quelques mois plus tard, le prix de l'académie Charles Cros ! Le P-DG, si certain de lui, se trouvait au premier rang, dans la salle où se déroulait la remise des prix. Je crois n'avoir jamais éprouvé un tel sentiment de victoire que lorsque, montant sur le plateau, nous sommes passées devant lui, toi avec un grand sourire en prenant soin de le fixer dans les yeux !

Je ne suis pas certaine qu'il ait pour autant changé de comportement, et écouté les artistes sans *a priori*, dans un autre état d'esprit que celui de faire un maximum de fric…

« Tu peux être ma force et moi la tienne »

Après le refus de nos chansons par CBS, sur une feuille à petits carreaux de cahier à spirales, déchirée :

Ma chérie, tu m'as demandé hier si j'étais « forte » et je t'ai dit que je ne savais pas. Pourtant je crois que je le suis, d'une certaine façon, et je crois que tu l'es aussi au fond. Etre fort veut dire seulement avoir la conviction profonde que nos efforts vers l'amour, vers la beauté, vers la gratuité surtout de cet amour et de cette beauté, ont un sens.

Je te disais, un jour où nous allions chez les Dorgelès, que quand même nous ne ferions rien d'autre que cela, d'apporter un bref divertissement à ceux qui sont tristes et accablés, cela donnait son sens*

---

* Roland Dorgelès (et sa femme Madeleine), écrivain à succès : *Les Croix de bois* reçut le prix Femina en 1919, entre les deux guerres. Il était un peu oublié dans les années 60-70. Jusqu'à sa mort, en 1973, il présida l'Académie Goncourt, où Françoise avait été élue en 1970, au fauteuil de Pierre Mac Orlan.

à notre vocation qui est aussi une vocation « spirituelle ».

Je sais que, tout au moins par moments, tu le sais et tu le penses aussi. Crois-moi, ce sentiment est la seule chose qui puisse nous soutenir et nous défendre devant cette peur du monde et de la vie que nous éprouvons toutes les deux. Et si nous arrivons à vivre cette vocation ensemble, à travailler davantage et plus profondément dans ce sens, nous devons triompher de cette peur et arriver à partager cette foi et cette joie avec d'autres.

Une conversation avec Mylène ou Bobby, ou tout autre, a autant de sens dans notre vocation qu'un disque chez CBS. Cela ne veut pas dire que nous ne devons pas tout faire pour réussir et nous faire connaître, mais savoir la relativité de cela, et que là n'est pas l'essentiel de notre vie.

Je suis forte dans la mesure où je sais cela et faible dans la mesure où je ne le sens pas toujours.

C'est pour cela que je me suis beaucoup reproché lundi, parce que c'était une sorte de désespoir que je ressens souvent devant les difficultés de la vie, de ma vie. Aide-moi en triomphant de la négativité qui est en toi comme en moi. Il faut vivre en affirmant que l'amour (au sens large où il comprend la musique, l'aide aux autres, etc.) suffit.

Cela n'empêche pas de lutter et nous allons drôlement le faire. Je t'aime de tout mon cœur, et je veux non seulement que nous nous aimions, mais que nous aimions ensemble, si tu vois ce que je veux dire.

On a beaucoup de sujets de préoccupation ces jours-ci, mais il faut les regarder en face, et ensemble, sans avoir peur... Pour CBS, réagissons en mettant au propre et en faisant d'autres chansons. On n'échappe à l'angoisse que par l'action – ou la prière qui est une action.

Je t'aime, ma toute petite fille – mais il faut grandir un peu, parce que j'ai autant besoin de toi que toi de moi. On ne peut pas être « fort » tout seul – mais tu peux être ma force et moi la tienne.

Encore et encore, je t'aime.

Fr.

L'amour dans la lumière

En regardant, dans les archives de l'Ina, un entretien au Printemps de Bourges datant des années 70, je suis frappée par l'aisance avec laquelle je m'exprime ! Le succès que j'avais me donnait une assurance que j'envie tant, moi qui en suis désormais dépourvue. Il faut dire que j'étais rodée et que, au fil des années, prenant confiance en moi, je ne me laissais plus piéger par les questions des journalistes qui auraient aimé me déstabiliser, à propos de mon homosexualité. Dès le début, tu m'as briefée en me tendant toutes sortes de pièges, même les plus désagréables, pour m'entraîner à surmonter ce genre de difficultés ! Cela m'avait permis de retrouver la drôlerie spontanée que j'utilisais, adolescente, pour séduire à travers mes chansons, car je n'avais absolument pas confiance en mon physique… En tout cas, dans cet entretien, je ne manquais ni de repartie ni d'une certaine insolence !

Aujourd'hui, j'ai l'impression d'être devenue quelqu'un d'autre. Plus le temps passe et moins j'ai d'assurance, en dehors de la scène. Devant l'agressivité qui se répand partout, depuis le développement des réseaux sociaux, devant l'incompétence et la prétention de certains, j'ai tendance à me replier sur moi-même. Je n'arrive pas à réaliser que nous étions un modèle de l'amour entre femmes ! Nous vivions notre histoire au grand jour, avec un tel naturel, sans nous poser la moindre question, comme un couple hétérosexuel normal. Par la simple joie d'être ensemble, nous disions à tous qu'un amour comme le nôtre était possible ! On ne se cachait pas, on ne s'en glorifiait pas non plus, refusant de servir de porte-drapeau à certains mouvements féministes extrémistes. Notre vie suffisait et notre bonheur le prouvait. Certes, nous avons subi quelques humiliations désagréables – comme la ronde des enfants du village, devant le portail de la maison, qui chantaient « Ah, les gouines, ah, les gouines » et exprimaient ainsi grossièrement le regard que portaient sur nous leurs parents –, humiliations auxquelles nous répondions par l'indifférence. En revanche, dans nos milieux respectifs, nous étions respectées.

Aujourd'hui encore, on me remercie pour cela. D'autant plus que l'homophobie s'est énormément développée et qu'en province, comme dans beaucoup de pays étrangers, il est très difficile de vivre et plus encore d'assumer, comme nous le faisions si spontanément, notre différence.

Devant le magnolia

Ma voisine a fêté hier ses trente ans. Je me suis demandé comment j'étais à cet âge et un souvenir m'est revenu : je me trouvais dans le jardin d'Arsy, devant le magnolia blanc tout en fleur. L'air embaumait le waterzooï, un plat flamand à base de poisson, que tu préparais. Mes chiens, deux bergers belges – Uranie et son fils Midi –, jouaient à côté de moi, dans le coucher de soleil orange et rose... Je paressais dans un transat en toile écrue quand tu es apparue, un verre de bordeaux à la main. Tu m'as souri, embrassée et tu es repartie dans la cuisine. Je me suis dit qu'il fallait profiter de cet instant, car c'était ça, le bonheur !

À trente ans, j'avais tout : l'amour, le succès, l'argent... J'avais aussi conscience d'être au sommet et, par la suite, un sentiment de peur devant la réussite, si éphémère, n'a cessé de m'habiter.

Ouvrir les yeux

Ma chérie bien-aimée,

Ces petites surprises sont bien peu de choses, je voudrais te donner la joie, le courage et la santé, et plus que tout, t'ouvrir les yeux sur ce que tu représentes pour moi *avant tout, mais aussi pour beaucoup de ceux qui t'entourent, et aussi pour le «public» qui est l'addition de tant de souffrances, d'ennuis que tu soulages : pour tous tu es le charme, la gentillesse, le talent, la simplicité, la gaieté, la sincérité. Il n'y a pas besoin d'autre justification pour continuer sans lassitude. Ne te décourage pas.* «Chante, chante, chante» *et maintiens-toi dans la forme nécessaire pour le faire. Ménage ton souffle et ton foie, ne te couche pas trop tard, et sois gaie. Je t'aime. Oublie les «petites choses» assommantes.*

La roue de la vie

Ma mère comparait la vie à une grande roue qui tourne toujours dans le même sens : « N'oublie jamais que, lorsque tu es au sommet, si tu ne peux t'y maintenir, tu redescends inexorablement... De même, lorsque tu te trouves au plus bas de la roue, tu ne peux que remonter ! »

La magie de la vie, toujours en mouvement, donne de l'espoir aux pires instants de l'existence. C'est cette idée qui m'a fait tenir lorsque j'ai dû affronter les douleurs et le chagrin, les problèmes de santé ou, même, les petites humiliations. Le fait de savoir que, malgré les échecs, les épreuves, l'on avance et que ce sont finalement tous ces obstacles qui nous font grandir et nous donnent davantage de forces...

Ces forces, je les attribue à ceux qui nous aiment et nous protègent, eux dont je ressens la présence constante, attentive, malgré leur absence physique. Nous sommes des Samouraïs ! Mais, parfois, les Samouraïs flanchent eux aussi.

À une demi-heure du bonheur

Au dos de la table des matières d'un livre sur Voltaire :

Train d'Anvers-Paris 1 h 30

À une demi-heure de mon amour – comme ce bonheur m'est douloureux – Cette demi-heure est pleine de peut-être – Et de cauchemars où tu fuis – À une demi-heure du bonheur – C'est comme s'il ne devait jamais être – Comme s'il n'avait été qu'un rêve – qui nous fait souffrir d'autant plus.

À vingt minutes de mon amour – je voudrais arrêter le train – pour ne jamais savoir l'absence – au bout du quai je cherche en vain – mon cœur se vide d'impatience – et pourtant veut tout arrêter – demeurer une éternité – À vingt minutes de mon amour – L'attente encore est confiance. À dix minutes de mon amour – soudain je crois à l'impossible – à ce visage qui va naître – au bout du temps au bout du quai – c'est un espoir désespéré – parce que je suis tu dois être – À dix minutes de ton amour.

Distraction et décalage

Dans l'un de tes livres, tu relates l'interview d'une journaliste dont tu avais apprécié la vivacité et l'intelligence. Tu semblais même avoir pris du plaisir à cette conversation.

Je suis arrivée au moment où cette femme prenait congé et tu m'as dit, après son départ, que ses questions sortaient des sentiers battus et à quel point il était agréable de rencontrer quelqu'un d'aussi vif !

Bêtement, je t'ai rétorqué que sa vivacité devait être une façon de compenser ses complexes et son mal-être :

« De quoi parles-tu ?

— Eh bien, de son physique !

— Je ne te comprends pas…

— Tu n'as pas vu qu'elle avait une énorme tache de vin sur tout le côté droit du visage ?! »

Non, tu n'avais pas vu la tache de vin. Tu n'avais vu que sa gentillesse et son intelligence !

Et non, ce n'était pas de la distraction. Mais, au contraire, une attention sélective qui te permettait de te concentrer sur les sujets que tu considérais dignes d'intérêt, en excluant tout le reste.

Ainsi, lorsque, lancée dans une conversation excitante, tu rangeais tes lunettes dans le réfrigérateur ou tendais un verre d'eau sous la poignée de la fenêtre, attendant que l'eau coule...

C'était ta manière de ne pas voir ce qui dérange ou qui blesse, d'ignorer la violence d'une situation.

*La tache de vin**

Ici je m'arrête, ici je m'interroge. Ne suis-je pas influencée dans l'image que je me fais de Marceline par ce que j'aurais souhaité que fût ma mère? Son indéniable bonté, ce cœur ardent, cette musicalité du vers, en font un être profondément sympathique, admirable même. Mais le refus qui est en moi de lui attribuer le moindre tort ne dénonce-t-il pas le fantasme, la chimère?

Je donnai un jour, en compagnie de Marie-Paule, une interview de près d'une heure à une jeune femme pour un magazine féminin. Elle me parut charmante, ses questions n'étaient pas sottes et d'une agréable vivacité.

— Elle est intelligente, cette jeune femme, dis-je quand elle eut pris congé.

* Extrait de *La Double Confidence*, de Françoise Mallet-Joris, Plon, 2000.

Marie-Paule approuva :

— Oui, elle est très bien. C'est dommage qu'elle ait ce handicap.

— ?...

— Enfin, Françoise, tu l'as vue !

Je l'avais vue, et même longtemps, et même de près, elle était assise à un mètre de moi.

— C'est bien toi ! dit Marie-Paule avec une sorte de découragement. Tu n'as pas vu qu'elle avait sur la joue droite une tache de vin ? Une ÉNORME tache de vin ?

Je ne l'avais pas vue. J'avais vu l'intelligence, la gentillesse, je n'avais pas vu, absolument pas, la tache de vin. Est-ce que sur la visage familier, tutélaire et charmant de Marceline, je n'aperçois pas la tache de vin ?

*

Je pense à l'écrivain Jack Thieuloy qui, pris d'une rage folle parce qu'il n'avait pas obtenu le prix Goncourt – et t'en faisant grief parce que tu appartenais au jury –, avait posé une bombe artisanale sur la colonne de gaz, dans l'escalier de notre immeuble ! Heureusement la bombe n'avait pas explosé, mais elle avait provoqué un début d'incendie dans toute la cage d'escalier. Paniqués, les voisins se précipitaient hors de chez eux en hurlant, et toi, tu avais ouvert lentement la porte d'entrée de l'appartement et, voyant l'épaisse fumée noire, tu avais simplement demandé :

« Serait-ce un incendie ? » Réalisant la folie de cet homme irresponsable qui avait mis nos vies en danger, j'étais très en colère, je l'insultais, le traitais de tout ! Mais toi, tu t'étais contentée de dire :

« Il ne s'est pas conduit très correctement… »

Ce calme, devant certaines situations, m'était insupportable. Plus j'étais énervée – les rares fois où l'on se disputait –, plus tu restais impassible, parlant lentement avec cette voix assurée, inébranlable, entre deux bouffées de cigarette. Un jour, n'y tenant plus, je t'ai lancé, au comble de l'exaspération :

« Mais fâche-toi ! Fâche-toi ! »

Et, aussitôt, nous avons éclaté de rire !

Flocons d'amour et de passion

Je vous aime, petit chéri,
Corps et âme, vous êtes
mon trésor, je m'emmerde
de toi, je veux t'entendre
ma petite fontaine d'amour
et de paroles, mon chéri,
mon doux cœur, mon
petit chaton doré, mon
beignet d'acacia, mon
petit pichet de rigolade

Ton Finouchon
Courageux, résolu, gai,
ardent et non-fumeur !

*

Au dos d'une publicité de France Telecom, vantant des modèles de répondeur (le soprano, le ténor, l'aria), tu notes :

Que c'est poétique, tu ne trouves pas ? Mais le téléphone qui te répond, te réconforte, est toujours chaleureux et drôle même quand il se plaint ou est grognon, c'est la voix de mon être (préféré, idéal) le vaillant, gentil, et pour toujours le meilleur modèle, le « Marie Paule Belle ». J'en témoigne sous serment.

*

Ma petite reine, il est 4 heures, lundi 11, encore une semaine sans te voir, c'est comme une semaine sans ouvrir la fenêtre. Reviens vite que je respire... Finir ce livre et te voir, te voir, t'embrasser, j'ai tellement envie de t'embrasser que je te prie de ne te faire aucun souci : Je t'embrasserais au milieu d'un camp scout ou de la place de la Concorde. La nature ne parle pas, elle hurle ! Tu me manques horriblement.

*

Au dos d'une carte postale représentant une très belle voiture de collection, la « Morris25 », sachant mon amour des belles autos, tu écris :

Quelle image pourrait te plaire plus que celle de ce véhicule ? Vois-le plein de mes plus Tendres pensées, où qu'il te conduise et où que tu sois.

Retrouvailles et patchwork de travail

Le fait d'être souvent séparées par mes tournées nous donnait une immense envie de nous retrouver. C'est certainement pour cette raison que l'intensité de notre amour est restée si forte, durant si longtemps : nous n'étions usées ni par les habitudes ni par la routine ! Nos métiers nous bousculaient sans arrêt, mais nous faisions en sorte de passer le plus de temps possible ensemble, dans un quotidien tranquille, que nous consacrions à écrire des chansons.

Jusqu'à ce que, au bout de quelques semaines, nos préoccupations reprennent le dessus : toi, tu te souciais de l'avancée de ton manuscrit, ou des ventes de ton dernier livre.

Tu avais besoin de silence pour écrire. Moi, je parlais beaucoup.

Tu avais besoin de te concentrer dans la solitude, de te coucher tôt, de te lever tôt. Nous vivions à des rythmes différents, mais j'avais besoin de parler, de te parler, lorsque mes disques sortaient. Si j'étais inquiète de leur faible médiatisation, tu cherchais à me rassurer et, si mon inquiétude persistait, tu me suggérais des idées.

J'avais la chance, parfois, de pouvoir t'écouter. Il t'était très difficile d'exprimer tes sentiments, tes pensées secrètes, tes idées profondes. Je prenais comme un cadeau toute confidence ou la lecture de la première version d'un de tes romans. Quand tu laissais paraître tes angoisses, tes doutes, comme les questions que tu te posais sur la construction d'un livre. Tu me parlais aussi des personnages du roman en cours, très présents dans ta vie. J'étais toujours surprise lorsque tu t'étonnais que l'un d'entre eux se livre à une action inattendue, comme si elle était indépendante de ta volonté !

« Tu ne sais pas ce qu'il m'a encore fait, celui-là ? » t'exclamais-tu.

Tu l'évoquais alors comme s'il existait vraiment, tu m'expliquais que, dans la logique de son caractère, il n'avait pu qu'agir de cette façon, ce qui bouleversait le plan que tu t'étais fixé initialement. Et moi, j'étais en admiration.

Je l'étais encore davantage lorsque je te regardais reconstruire le plan chamboulé : tu étalais sur le sol de la chambre les scènes de ton livre, tapées à la machine, avec des titres inscrits sur des feuilles pliées en deux, et tu les mettais dans un ordre différent, t'obligeant à refaire toutes les liaisons et les transitions entre les chapitres.

Il n'y avait pas d'ordinateur à cette époque et le parquet de la chambre se recouvrait de tous tes personnages.

Attention à ne pas marcher sur cette drôle de marelle !

Dons d'amour

Tu m'écris, alors que je suis en tournée (lettre non datée) :

... Mon chéri, je ne pense plus qu'à te revoir vite, vite. Dormir sans toi, vivre sans toi est si triste, si désert, si aride. Cette habitude si douce que j'ai prise de te raconter tout, de tout partager avec toi, me fait me sentir absolument comme privée d'un organe quand tu n'es pas là.

[...] Mon amour, ma chérie, je n'aurais jamais cru (étant au fond d'une nature un peu solitaire) que quelqu'un puisse me manquer comme tu me manques. Je t'aime au-delà de tout ce qui peut se dire. Quand je pense que lundi soir je verrai ta petite tête frisée si jolie sur l'oreiller, et mardi matin tes petits yeux de Chinoise au réveil, je peux à peine y croire. D'ailleurs par moments je peux à peine croire à ton existence, et que tu m'aimes, c'est trop beau. C'est ce que je disais l'autre jour à M. qui me remontait vigoureusement :

« Mais si voyons ! Ça existe l'amour ! etc. etc. »

Mon chéri si doux, reviens vite. Il me semble que je ne t'ai jamais assez dit combien je t'aime, assez dit tout ce que tu es pour moi – tu sais, j'ai une pudeur bête pour ça, une appréhension aussi, que «ça porte malheur» et peut-être tu ne sais pas à quel point tu m'es TOUT. Tu m'as donné ce que personne ne m'a jamais donné, et je ne ferai jamais assez pour t'en remercier, mon petit cœur, ma chérie adorée. Mon petit bonheur, reviens vite, que je t'embrasse, que je te serre contre moi, que je sois sûre que c'est vrai et que tu existes. Tu me consoles de tout le passé et tu me donnes le courage de tout l'avenir. Reviens, mon doux chéri, pour qu'il n'y ait plus besoin de parler. Je t'aime.

Ta pauvre lamentable Finouche sans toi.

*

Sur une page de ton journal de petite fille (après notre séparation) :

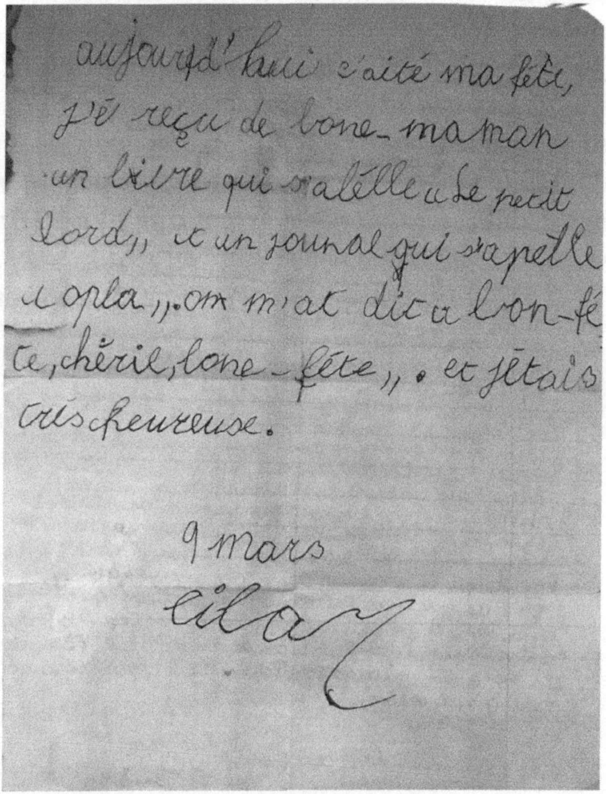
aujourd'hui c'aité ma fête,
j'é reçu de bone-maman
un livre qui s'alélle « Le petit
lord », et un journal qui s'apelle
« opla ». on m'at dit « bon-fê
te, chérie, bone-fête ». et jétais
très heureuse.

9 mars
Lila

Mon petit amour, je t'aime. Reçois comme porte-bonheur ce petit bout de journal que j'ai écrit à 8 ans – ou à peu près.

[…] Je ne veux plus que tu sois triste, ni écrire des choses tristes. Je veux que tout change et retrouver ton

amour si possible. C'est justement parce que j'espère de tout mon cœur que cet amour existe, est profond et tenace, que je te demande de faire tous les efforts, médicaux ou autres, pour le réaliser enfin, tu sais que je ferai de même, mon chéri, mon seul petit espoir, si cruel parfois, essaye seulement de comprendre que je t'aime vraiment, que ce n'est pas des mots ou une habitude gentille, que c'est toi et pas une autre, aucune autre avec laquelle je pourrai peut-être un jour, enfin, communiquer, et alors on se dira « bonne fête » et on sera très heureuses. Peut-être. Il faut croire et vouloir, à deux.

Je t'aime

Françoise

Rupture

Tu as toujours eu du mal à te confier, à parler de toi, de tes sentiments... Toi qui racontais si bien les histoires, qui pouvais transformer un fait anodin en une anecdote si décalée qu'elle me faisait tordre de rire, tu n'aimais pas parler de ce que tu avais vécu. Tu disais que cela n'avait aucun intérêt puisque, justement, c'était passé... Quand tu le faisais par écrit, lorsque tu parlais de toi dans tes romans ou tes essais, c'était avec distance, comme si tu évoquais quelqu'un d'autre.

Dans *La Double Confidence*, l'un de tes livres paru en 2000, tu parles vingt ans après de notre rupture en cinq lignes, peut-être parce que ce souvenir te faisait encore souffrir.

« Elle : Je te jure je ne serai pas fâchée... C'est seulement pour savoir... J'ai toujours pensé que Reine... Tu n'as pas confiance en moi ?... Je ne vais pas te quitter pour ça !

Moi : Eh bien oui, là !

Une heure après elle a fait sa valise et m'a quittée. »

Aujourd'hui un lourd sentiment de culpabilité m'envahit, lorsque je relis tes lettres, écrites longtemps après notre séparation :

« Tu me manques tellement, mais il y a quinze ans que tu me manques tellement ! », m'avoues-tu.

Nous nous sommes toujours manqué terriblement. Trois jours après nous être quittées, nous pleurions toutes les deux au téléphone et décidions qu'en attendant de nous organiser dans ce nouveau mode de vie, j'occuperais le studio de la rue Notre-Dame-des-Champs que tu avais loué sans m'en parler, pour y retrouver ton éphémère passion (ce qui avait déclenché mon départ). Ainsi, nous pourrions chacune avoir un espace de liberté, sans nous gêner. Et nous resterions en osmose.

Plus tard, pour nous rapprocher davantage, j'achetai un appartement rue de Chevreuse ; toi, tu habitais rue Stanislas. Nous étions à trois minutes l'une de l'autre et, souvent, nous déjeunions à La Rotonde ou dans un petit restaurant non loin. J'aimais ce quartier de Montparnasse. Nous prenions un verre, allions au cinéma, croisions d'autres artistes, des amis : nous retrouvions l'amitié amoureuse du début de notre rencontre… Il y a bien sûr eu des périodes où l'existence – tout simplement – nous a un peu éloignées, mais ce sentiment de profonde intimité, je l'ai retrouvé intact, les derniers mois de ta vie, sans doute plus fort encore dans la maladie et la souffrance.

Dans tes yeux et dans le silence, je sais que nous avons partagé son intensité.

Que tu ne m'aimes plus[9]

Que tu ne m'aimes plus
Je ne peux pas le croire
C'est comme si le jour
Ne s'était pas levé
Comme si le rosier
Fleurissait en décembre
Comme si notre chambre
Débouchait sur un quai

Que tu ne m'aimes plus
Je ne peux pas le croire
Comme si notre chien
M'avait soudain mordu
Comme si notre rue
Assistait à la guerre
C'est le monde à refaire
Que tu ne m'aimes plus

Que tu ne m'aimes plus
Je ne peux pas le croire
C'est comme si la nuit
Habitait dans mes yeux
Voici devenu deux
Ce qui n'était qu'un être
Voici qu'à la fenêtre
Même le soleil pleut

Mais que tu m'aies aimé
C'était comme un miracle
Comme si mon cœur mort
Apprenait à marcher
Je ne sais plus marcher
Plus rien ne m'est facile
Dans ce pays sans ville
Que tu as déserté

Et je ne peux plus croire
Qu'un jour tu m'aies aimé

*

Quand nous serons amis[10]

Quand nous partirons en week-end
Pour Deauville ou Saint-Tropez,
Ce sera sans nous disputer,
Oui ce sera sans nous disputer.
Nous nous rejoindrons le matin
Moi sans rimmel toi pas rasé,
Et nous nous sentirons bien,
Oui et nous nous sentirons bien.

Quand tout ira bien, quand nous serons amis
Sans plus de mensonges, sans plus de jalousie
Sans plus de colères,
Sans plus de mystères,
Notre amour sera fini.

Achetant des livres sur le quai,
Politiques ou policiers,
Ce sera sans nous disputer.
Nous nous quitterons dans un bar,
Moi couche-tôt, toi très nuitard,
Et nous dirons quelle bonne soirée,
Et nous dirons quelle bonne soirée.

Quand tout ira bien, quand nous serons amis
Sans plus de mensonges, sans plus de jalousie
Sans plus de colères, sans plus de mystères,
Notre amour sera fini.

Nous nous rencontrerons parfois,
Accompagnés comme il se doit,
Ce sera sans nous saluer,
Oui ce sera sans nous saluer.
Mais de loin, même au restaurant,
Nous sourirons discrètement,
Nous serons complices un moment,
Oui nous serons complices un moment.

Quand tout ira bien, quand nous serons amis
Qu'on se dira tout, quand tout sera permis
Qu'enfin la confiance
Qu'enfin l'indulgence
Notre amour sera fini.

*

Jersey Guernesey[11]

Tu as fait ta vie à Guernesey
Je mélancolise à Jersey
Entre les deux y a le passé
Que l'on ne peut pas effacer

Jersey, Guernesey
Vous n'étiez qu'une île dans notre passé
Jersey, Guernesey
Pourquoi vous êtes-vous, un jour, séparées ?
Je suis sûre que vous, que vous en souffrez

Notre amour, un jour, a pris mal
Au fond de son berceau de cristal
Tu l'as soigné à Guernesey
Je n'ai pas guéri à Jersey

Jersey, Guernesey
Vous n'étiez qu'une île dans notre passé
Jersey, Guernesey
Pourquoi vous êtes-vous, un jour, séparées ?
Je suis sûre que vous, que vous en souffrez

Je n't'attends plus, il est trop tard
Pour dévier le cours de l'histoire
Tes fils grandissent à Guernesey
Le jour diminue à Jersey

Jersey, Guernesey
Vous n'étiez qu'une île dans notre passé
Jersey, Guernesey
Pourquoi vous êtes-vous, un jour, séparées ?
Je suis sûre que vous, que vous en souffrez

Mon tout petit chéri, j'ai eu des remords d'avoir été négative avec toi hier. Mais comment te voir sans avoir la nostalgie de tout ce qui aurait pu être – un mouvement d'égoïsme cafardeux sans doute mais aussi de tendresse.

Mon chéri, j'essayerai d'être un peu plus ouverte maintenant. Tu sais que ton bonheur, dans quelques conditions que ce soit, serait pour moi une réussite qui m'aiderait à vivre. Chérie, tout amour est difficile, et il est souffrance tant qu'il ne s'élargit pas à des dimensions moins individuelles. En faisant cet effort, nous travaillons pour notre art, pour la justification de notre vie, pour notre paix profonde.

Essayons de nous entr'aider dans tous ces sens-là, mon chéri. Alors tout ce que nous avons vécu et même souffert se trouvera justifié et consolé

Nous avons encore des merveilles à découvrir.

Je t'embrasse de tout mon cœur – pardonne-moi ce moment de gravité, c'est un élan du meilleur de moi vers le meilleur de toi.

Fr.

Retrouver les bons chemins

Après notre séparation, au moment de la vente de notre maison d'Arsy :

Ma petite chérie, j'ai si mal dormi en te voyant triste et découragée. Je voudrais de tout mon cœur t'apporter des raisons, non seulement d'espérer dans l'avenir, mais d'être un peu heureuse tout de suite. Songe au nombre d'amis vrais qui t'entourent, t'aiment, t'estiment au plus haut degré et sont prêts à se dévouer pour toi, non parce que tu es une petite enfant qui « ne sait pas se débrouiller », mais parce que au contraire tu es une femme pleine de talent et de force. Ne pense plus à la maison d'Arsy comme à une perte. Ne pense plus au passé comme à un échec. Si cela était, serions-nous dans les termes où nous sommes, après tout ce par quoi nous sommes passées, ne demandant qu'à nous aider l'une l'autre, nous suppliant l'une l'autre, comiquement, de nous prêter de l'argent que nous n'avons pas ? Non, mon chéri, les beaux, très beaux souvenirs du passé ne doivent pas servir à nous tourmenter et à nous donner du regret ; ils doivent éclairer l'avenir et nous donner du courage. Dans un autre registre peut-être, nous aurons encore des joies, des voyages, et même des succès. J'en suis sûre.

C'*est peut-être mieux que cette maison se vende (si elle se vend !!) parce que c'est le passé, et il vaut mieux que le passé reste dans un beau souvenir et que nous bâtissions un futur plus solide. Peut-être toutes les souffrances passées, pour toi comme pour moi, apporteront un approfondissement de notre travail et même de notre affection. Tu as tellement donné, peut-être un jour tu sauras recevoir, parce que c'est encore donner, donner aux autres la joie de donner... Je voudrais, chaque fois que j'essaye de t'aider, que tu ne le prennes pas comme un signe de ta faiblesse, mais au contraire de la force que tu as, et de la confiance que j'ai en toi. Détends-toi. Il me semble qu'autrefois nous avions lu un beau texte de Simone Weil sur la différence entre ce qu'elle appelle « la volonté musculaire » et l'autre, la volonté profonde. Trouvons cette volonté profonde de faire de notre vie quelque chose de beau et d'utile, d'utile par la beauté, puisque c'est notre fonction. Tout le reste nous sera donné de surcroît. Ce ne sont pas de bonnes paroles : c'est une vérité que la confiance, la joie, et pourquoi ne pas le dire, la foi au sens large, amènent la réussite. Tu es une personne de grande valeur, que cela soit reconnu ou non : persuade-toi de cela, et tu verras que les bonnes volontés autour de toi ne sont pas faites pour te diminuer mais pour te grandir. Une personne qui inspire un dévouement comme celui de J. et comme le mien ne peut être qu'une personne de tout premier ordre. Sans orgueil, sois sûre de toi et tu convaincras les autres. « Tiens ta race ! » non pas artificiellement, mais parce que ce que tu es, personne ne peut te l'ôter.*

Bientôt je t'enverrai plein d'idées, dès que j'aurai fini ce livre, mais je voulais te mettre un petit mot en attendant. Tu es sans cesse dans ma pensée et dans mon cœur, non pas comme un enfant, mais plutôt comme un ange, un esprit un peu égaré sur la terre. On va retrouver les bons chemins : ceux du succès, oui, mais aussi ceux de la paix, de la joie, je le sais.

Françoise

Début de ma vie sans toi

Je n'ai pas supporté d'apprendre de ta bouche que tu avais loué un studio pour celle qui, à ce moment-là, te prêtait une oreille complaisante et répondait à l'attention que tu demandais – ce que je ne savais pas faire, prise par un travail que je croyais essentiel à ma vie et qui, assurément, ne l'était pas.

Comme je m'en suis voulue d'avoir cédé très vite à cette impulsion, dictée par l'orgueil, qui me rappelait le jour où tu avais loué un studio rue de la Harpe, pour les mêmes raisons de discrétion et de tranquillité. Je croyais que je ne me sentirais pas trahie parce que, au fond de moi, je savais que notre Amour était bien au-dessus de cette diversion que tu t'octroyais. J'avais présumé de mes forces et ma nature jalouse l'a emporté !

Je me suis donc retrouvée dans un studio, moderne et froid, seule, où, comme après la mort de maman, je passais mon temps à pleurer…

J'ai tenu trois jours avant de t'appeler pour te dire que je ne pouvais supporter de ne plus te voir ni te parler ! Tu m'as demandé de transporter mes affaires dans le studio loué pour tes amours éphémères, et j'ai accepté.

Il était situé à côté de la pension où maman avait séjourné, enfant : j'y ai vu comme un signe. J'avais un piano : pour moi, c'était le principal et cela me suffisait. Le quartier me plaisait, grouillant d'étudiants, non loin des restaurants et des cinémas de Montparnasse. Nous nous donnions rendez-vous dans des petits cafés pour parler, encore et encore... Tu me racontais des histoires et, telle une petite fille, j'écoutais, fascinée, éblouie comme autrefois, comme nous n'aurions jamais dû cesser de le faire.

Et nous avons recommencé à rire.

C'est alors que tu t'es installée en plein Montparnasse, sur la petite place de la rue Vavin, dans cet immeuble classé, tout en carreaux d'émail blanc. J'ai acheté un appartement plus grand, près de chez toi, dans une rue étroite près du carrefour Raspail-Montparnasse. Nous étions toutes proches, mais chacune avait maintenant son indépendance.

Pour la première fois, j'éprouvais un sentiment de liberté. Je me sentais en dehors de ton emprise (que je n'avais pourtant jamais ressentie comme un fardeau). Je coupais le cordon ombilical et renaissais au monde. Je me découvrais en dehors de toi, souvent perdue, sans point de repères, mais sentant que je m'envolais !

Tu voyais des amis de ton côté, j'avais les miens, différents, et croyais m'émanciper en découvrant d'autres plaisirs... (Il est d'ailleurs cocasse de voir avec quel détachement je laissais la vie me conduire : hommes et femmes passaient sans que je m'attache vraiment à eux. Je ne leur accordais que le crédit d'une distraction fugace.)

Quand nous nous retrouvions, nous ne parlions pas de ces relations extérieures à notre complicité. Mais de nos familles, de chansons à écrire, de mes concerts, du roman sur lequel tu travaillais... Tout cela dans une très grande tendresse. Nous n'avions jamais assez de temps pour tout nous dire et, quand chacune repartait dans son monde, vers ses rendez-vous et obligations professionnelles, nous avions retrouvé ce qui nous liait autrefois. En un mot, nous nous étions retrouvées – et cela suffisait à notre bonheur de l'instant.

Loin[12]

Loin
Il est un pays qui me fait des signes
Loin
Il y a des regrets là-bas dans les vignes
Loin loin
Il y a la maison le lit et la chambre

Loin loin
La belle saison c'est déjà septembre

Je me demande où l'été s'enfuit
Je me demande si l'amour finit
Existe-t-il vraiment ce pays

Loin
Il est un chemin où je te rencontre
Loin
Je te parle encore vas-tu me répondre
Loin loin
Il y a ton baiser ta force secrète
Loin loin
Notre amour est loin et je me répète

Je me demande où l'été s'enfuit
Je me demande si l'amour finit
Existe-t-il vraiment ce pays

Loin
Il est un pays et je veux y croire
Loin
Il y a le soleil qui dit notre histoire
Loin loin
Il y a la maison qui ouvre ses portes
Loin loin
La belle saison n'est pas encore morte

Oui je suis sûre qui revient l'été
Oui je suis sûre que l'amour renaît
Oui je suis sûre je repartirai

Loin…

*

J't'adore, message terminé[13]

Y a un message sur mon répondeur téléphonique
J' t'ai encore manqué. Y a vraiment des jours où j' panique
La vie devient dingue – J' t'adore – Message terminé

J' laisse un message sur ton répondeur téléphonique
Demain, place Maubert, distributeur automatique
On s' partage une frite – J' t'adore – Message terminé

Rappelle Trocadéro
À mes heures de bureau
Pour tout l'amour du monde
On n'a que trente secondes
C'est fichu, les duos
Y a plus qu'un numéro
On n' peut plus s'enflammer
La ligne est saturée

Y a plein d' messages sur nos répondeurs téléphoniques
Je n' peux pas, rappelle, sans faute, d'accord, quelle mécanique!
Nos réseaux s' mélangent – J' t'adore – Message terminé

On est amoureux d'un répondeur téléphonique
On a beau croiser nos voix sur les fils électriques
Y a pas d'étincelle – J' t'adore – Message terminé

Rappelle Trocadéro
Quatre, cinq, six, zéro
En dix s'condes, se dire tout
Attention, c'est à vous
Enregistrer sa vie
Cri d'amour, dernier cri
Même le répondeur est saturé
Saturé

*

Même si[14]

Même si tu t'en vas de Paris
Même si tu oublies que tu aimais le ciel gris
Même si tu t'en vas de Paris
Même si tu oublies que tu aimais la pluie

Même si, un jour, tu réussis
Même si, à tes fenêtres, le ciel n'est plus gris
Même si tu as d'autres amis
Même si Paris devient pour toi trop petit

N'oublie pas, n'oublie pas, n'oublie pas les boulevards
Les travaux, les trottoirs, les détours, les retards
les coups d' pompe, les coups d' tête, les coups d' cœur, les [coups d' frein
N'oublie pas, n'oublie pas, n'oublie pas qu'on est bien

N'oublie pas, n'oublie pas, n'oublie pas le métro
Les brouillards, les matins, les hasards, les bistros
Les pars vite, les reviens, les je t'aime quotidiens
N'oublie pas, n'oublie pas, n'oublie pas qu'on est bien

Même quand tu me parles soleil
Même quand tu as moins de courage que la veille
Même quand tu t'habilles en silence
Même quand tu prétends que tu n'as pas de chance

Même si tu prends un raccourci
Même si je préfère flâner sous le ciel gris
Même si tu t'en vas de Paris
Même si tu oublies que tu aimais la pluie

N'oublie pas, n'oublie pas, n'oublie pas les problèmes
Les fringales des fins d' mois devant un café crème
Les annonces, les adresses, les ça y est, les tant pis
N'oublie pas, n'oublie pas, n'oublie pas notre vie

N'oublie pas, n'oublie pas, n'oublie pas les dimanches
Les conneries des copains, le climat des nuits blanches
Les verres vides, les verres pleins, les cafards, les tendresses
N'oublie pas, n'oublie pas, n'oublie pas ta jeunesse…

Seule[15]

Seule
jusque dans tes bras
quand je ne sais pas
si tu penses ~~pa~~ à moi

Seule
jusque sur ton cœur
lorsque j'ai si peur
que tu sois ailleurs

On est seul
jusque dans l'amour
sans aucun recours
de celui qu'on aime

Seule
quand j'attends demain
quand tu m'aimes moins
quand tu m'aimes bien

Seule
quand mes ~~fameux~~ mots
restent ~~seuls~~
restent sans échos

Je suis là
fatiguée à mourir
je t'entends mentir
de ta voix que j'aime

Seule
mais quand tu reviens
j'oublie mes chagrins
et tu ne vois rien

Je suis seule
mais tu dis mon nom
je suis ta maison
l'ombre de ta vie

Seule
je veux le rester
seule à tes côtés
la seule à t'aimer

Sans pouvoir se dire au revoir[16]

Il m'arrive encore si je suis seule
De souffrir un petit peu
L'envie de te voir de parler
Quand je pense à nous deux
Je voudrais faire le chemin à l'envers
Avec ce que j'ai découvert
Qui tu es qui je suis
Et ce que nous aurions pu en faire

Tu m'appelles encore quelquefois
Pour avoir des nouvelles
Il y a des silences qui nous gênent
Parce qu'ils nous rappellent
Tout ce qu'on a laissé mourir
Tout ce qui fait peur qui fait fuir
Plus loin que le plaisir
Les je t'aime que l'on n'a pas pu dire

Sans vraiment pouvoir se dire au revoir
Sans vraiment non plus garder l'espoir
On se fait croire qu'on oublie
Qu'on a d'autres envies
Que c'est la vie
Et quand on a compris
Et qu'on se ressaisit
C'est fini

Sans jamais partir sans bouger
On laisse filer les jours
Sans jamais se dire que l'on s'aime
On laisse filer l'amour
Quand on ne peut plus s'embrasser

Quand on ne peut plus se toucher
On veut recommencer
On se réveille y a personne à côté

Sans vraiment pouvoir se dire au revoir
Sans vraiment non plus garder l'espoir
On se fait croire qu'on oublie
Qu'on a d'autres envies
Que c'est la vie
Et quand on a compris
Et qu'on se ressaisit
C'est fini

Bientôt j'oublierai les images
Que je croyais à moi
Et je donnerai de nouveau
Ce qui n'était qu'à toi
Alors tu voudras revenir
Partager mes éclats de rire
Mais tout sera trop tard
Je serai sur un nouveau départ
Mais tout sera trop tard
Je dirai je t'aimais mais je pars

*

Vieille[17]

Elles vont trottant de boutique en boutique en bavardant
Elles n'ont jamais peur de perdre leur temps
Devant l'église elles s'arrêtent sans entrer
Parce qu'elles n'ont plus rien à demander

Elles sont émues par un chat un bébé
Les vieilles dames à qui je veux ressembler

Je ne sais pas comment elles font pour tricoter le temps
Pour tricoter tous leurs anciens tourments
Un jour ont-elles été jeunes et jolies
Ont-elles espéré un pas dans la nuit
Ouvert une lettre qui a tout détruit
Ont-elles pleuré comme je pleure aujourd'hui

Vieille
Si déjà je pouvais être vieille
Pour qu'enfin ma douleur s'ensommeille
Vieille
Pour que le vent de la nuit balaye
Les soucis les erreurs de la veille
Vieille
C'est vers le soir que l'on s'émerveille
Mais je n'en suis encore qu'à midi

Elles vont trottant de mémoire en méprise en évoquant
Ce qu'elles ont vu ce qu'elles croient être vrai
À l'heure du thé elles peuvent bien inventer
Y a plus personne pour le leur reprocher
Est-ce que leurs mains un jour ont caressé
D'autres vivants que le chat dans l'entrée

Je ne sais pas si elles portent un masque sur le secret
Ou si elles ont vraiment tout oublié
Il n'y a plus d'histoire à déchiffrer
Sur ces visages où tout s'est effacé
Sur mon visage que lira-t-on demain
Peut-on garder l'amour sans le chagrin

Vieille
Si déjà je pouvais être vieille
Pour qu'enfin ma douleur s'ensommeille
Vieille
Pour que le vent de la nuit balaye
Les soucis les erreurs de la veille
Vieille
C'est vers le soir que l'on s'émerveille
Mais je n'en suis encore qu'à midi

*

Y a des moments[18]

Y a des moments
dans un café dans un salon
dans un wagon
Y a des moments
devant un' chopin' sur un' banquett'
en moleskine
où je donn'rais n'importe quoi pour ne plus jamais bouger d'là
où je donn'rais n'importe quoi
pour n'plus bouger

Refrain

J'sais pas pourquoi
Y a vraiment pas
Y a pas de raison
de bouger d'là... } *(bis)*

Y a des moments
chez l'fiancé d'la petite Annie
où j'reste coucher
Y a des moments
où le métro station Barbès
c'est mon dodo
Et je n'sais vraiment pas pourquoi j'n'ai plus envie de bouger
d'là
Et je n'sais vraiment pas pourquoi
j'peux plus bouger

Refrain

Y a des moments
pour un sourir' qui n'fait qu'passer
qui n'veut rien dire
Y a des moments
où j'me souviens que j't'ai aimé
qu'j'ai du chagrin
Et je donn'rais n'importe quoi pour finir d'oublier tout ça
Et je donn'rais n'importe quoi pour oublier…

Refrain

Sol min 7

do7

1 Je dis que je t'ai oublié[19] Sib 7
A Je le répète et le redis pour me bercer
Je n' pense presque plus à toi
depuis ton départ j'ai comme un peu froid voilà
je sors beaucoup je rentre tard
B J'ai ~~le cafard~~ un p'tit blues mais ça n'est pas le désespoir
Sib On pourrait tout d' même se revoir. la 7

2. Crois-tu que tu m'ais oublié
tu me quitt'es et n'en finis pas de me quitter
Fa tu dis qu'on sera plus heureux
parfois tu dis qu'on a eu des torts tous les deux
tu t'attardes pour bavarder
tu te sers tout seul un whisky tu es gêné
y a trop à dire pour en parler

Réf.

D les yeux ouverts
on se croit fort
C les yeux fermés
B on s'aime encor
on a eu peur
D on a eu tort
l'amour ne meurt
jamais, il dort....

Tant de jolies choses !

Mot de toi, lors d'une insomnie – Lundi 1 h 45 (du matin !) :

Mon amour,

Je ne veux jamais dire que tu es bête ; quand je dis ça (je ne le dirais pas si je le pensais littéralement) je veux dire : ne fais pas (ou : tu fais) la bête. Parce que justement tu ne l'es pas. Mais comme c'est ton angoisse qui te fait t'abriter derrière ça, c'est comme si je me moquais de ton angoisse, et tout d'un coup j'y pense et ça me fait de la peine. Je t'aime tant ma chérie.

Tu es la seule transparence, la seule fenêtre – si pure transparence que tu ne vois que les petits grains de poussière, qu'on ne verrait pas sur l'opacité d'un mur…

*

Un mot, parmi d'autres, trouvé un soir, en rentrant :

Ma Zouzoune d'amour, qu'en un style hésitant
L'amour, lorsqu'il est fort, cherche à prendre parole
Tantôt il est niais, tantôt changeant de rôle
Il se guinde et paraît moins sincère d'autant.
*Pour te dire qu'un émissaire de Foulquier**
Téléphona ce soir qu'il était oublié
Je trouve plus aisé et le mot et la rime
Comme je refilai ce con à Catherine
Il était discourtois, mais peu je m'en souciai
L'Oscar, quoi qu'il en soit, nous avait échappé !
Patience ! Tôt ou tard ton génie couronné
Souffrira d'un excès, d'un surcroît de lauriers.
J'espère en cette nuit que point trop fatiguée
Tu trouveras la force au moins douce et penchée
De poser sur mon front un baiser délicat
Silencieux et doux, qui pourtant parlera.

Je t'aime

Je t'aime encore plus

*

* Jean-Louis Foulquier animait sur France Inter une émission de radio consacrée à la chanson française. Chaque année, un prix était décerné aux meilleurs interprètes.

Vendredi 14

Ma petite chérie, j'espère que tu ne m'en veux pas de ma nervosité d'hier, et qu'elle ne t'a pas caché le bonheur que j'ai à te voir, l'extrême souci que j'ai de ta santé, de ta réussite, de tout ce que tu souhaites. Mon désespoir est de ne pouvoir t'aider mieux. Donne-moi des nouvelles dès qu'il y en aura. Je te récris demain, je pense à toi de toutes mes forces positives et je prie ta petite prière à notre intention à toutes deux et pour tous ceux que nous aimons. T'embrasse fort fort.

*

Au verso d'une carte représentant la sculpture d'une tête en pierre de Zadkine :

J'aime la beauté presque informe que le sculpteur a su mettre dans cette pierre, signifiant ainsi – il me semble – que notre regard peut animer même une pierre et notre foi le faire voir aux autres.

Cela me fait penser à Flaubert qui disait à peu près qu'il suffit de regarder une chose avec attention pour s'apercevoir qu'elle est intéressante – Guitton aussi dit quelque chose comme ça, et Simone Weil, pour qui l'attention était la première des vertus.

*

De la rue du Montparnasse, tu m'envoies à Neuilly :

Copié pour toi en vitesse avant de partir pour Rennes

F. qui t'M

« Vers Dorés. » Nerval (recueil des *Chimères*)
« Eh ! quoi... Tout est sensible »
Pythagore

Homme ! Libre-penseur, te crois-tu seul pensant
Dans ce monde où la vie éclate en toute chose ?
Des forces que tu tiens ta liberté dispose,
Mais de tous tes conseils l'univers est absent.

Respecte dans la bête un esprit agissant :
Chaque fleur est une âme à la Nature éclose ;
Un mystère d'amour dans le métal repose ;
« Tout est sensible ! » Et tout sur ton être est [puissant.

Crains dans le mur aveugle un regard qui t'épie :
À la matière même un verbe est attaché...
Ne la fais pas servir à quelque usage impie !

Souvent dans l'être obscur habite un Dieu caché ;
Et comme un œil naissant couvert par ses paupières,
Un pur esprit s'accroît sous l'écorce des pierres !

Tant de jolies choses !

*

14 juillet 1977

Je t'aime, ma petite merveille, de tout mon corps et de tout mon cœur. Te retrouver sera respirer enfin – j'ai l'impression de vivre sous l'eau.

[...] Je voudrais tant que nous soyons enfin détendues toutes les deux, toutes au moment présent, de notre amour. Je ne suis contre aucun débordement, parce que dans l'amour tout est beau, tout est pur ; mais aussi, rien est tout, si on habite complètement ce rien. Un baiser, un regard est tout l'amour, si on est tout entier dans ce baiser ou ce regard...

*

Je voudrais qu'il n'y ait pas : moi entre toi et les autres, devant plus ou moins choisir, mais toi – et – moi, pour les autres, pour les aider et les aimer ; c'est comme cela que nous ne serons qu'une seule personne.

Standing ovation à l'Olympia

Une musique.

Une petite musique. En réalité, une ballade.

Je viens de composer une ballade et tu me manques, précisément à ce moment-là... J'ai tellement envie de te la chanter pour avoir ton avis ! J'ai besoin d'entendre ta voix ! Je pensais qu'avec le temps, je m'habituerais à ton absence. C'est le contraire qui se produit. La solitude devient de plus en plus lourde à supporter : après les concerts, le silence m'enveloppe. J'acceptais cette solitude quand j'étais en tournée et que je savais que tu m'attendais. Au début des longues tournées avec Serge Lama, dans les années 70, tu m'écrivais chaque jour une lettre. Je la trouvais à chaque étape, dans l'hôtel où nous descendions. Parfois tu me faisais une surprise, et me rejoignais pour une journée ou deux. Tu aimais me voir chanter, mais tu avais toujours très peur pour moi : c'est tout juste si tu ne te bouchais pas les oreilles, craignant une fausse note, une erreur ou un trou de mémoire. Tu ne me l'as jamais avoué, mais tu étais très soulagée quand, à la fin du spectacle, je saluais ! Tu me disais te sentir tellement responsable du moindre mot que je chantais. Parfois, tu aurais souhaité faire quelques retouches pour améliorer le texte. Mais tu ne pouvais plus rien changer et j'étais seule sur scène, à affronter la salle, pour présenter notre travail (souvent, avant de les enregistrer, je testais les chansons en public, afin de mesurer leur impact).

Quelle chance j'ai eue d'être aimée comme je l'ai été ! Je vivais dans un halo de bonheur, dans la lumière sur scène, et dans l'ombre avec toi...

Dans un petit ouvrage peu connu, intitulé *J'aurais voulu jouer de l'accordéon*, tu compares nos deux métiers : celui de l'écrivain, moins exposé, mais plus intensif – plus personnel aussi, puisque l'auteur est seul, durant des mois, ignorant si son travail rencontrera quelque écho. Il lui faudra attendre longtemps pour connaître le nombre d'exemplaires vendus ou mesurer le succès de son ouvrage au courrier reçu.

En public, le succès d'une chanson est plus rapide à évaluer : selon les applaudissements, plus ou moins fournis, l'on sait tout de suite si elle est appréciée sans réserve, s'il faudra peaufiner le texte ou la musique, ou définitivement l'oublier.

Alors sur scène, en 2008, à l'Olympia, j'ai souhaité que le public te remercie pour toutes les merveilles que tu m'as données, que tu nous as données ! J'ai demandé à William, mon ingénieur lumières, qu'il t'éclaire dans le public et tu as dû te lever. Ce fut une standing ovation improvisée, mais si enthousiaste ! Le public hurlait de joie, tapait des pieds, chantait comme on le voit faire dans les stades, pour une rock star.

J'étais si fière, si contente.

Plus tard, dans la loge, tu m'as dit : « Mais qu'est-ce que tu m'as fait ? » et je t'ai simplement répondu : « Tu sauras ainsi combien tes chansons sont aimées ! » J'ai vu que, malgré ta modestie, tu étais touchée.

Moi, je l'étais d'autant plus qu'il y avait dans la salle des membres de l'Académie Goncourt (ce qui ne sera pas le cas pour ton enterrement, où ladite académie ne sera même pas représentée – pour toi qui en fis partie durant quarante ans !).

Alors, toi et moi, nous avons pensé à Grigri, notre ami, notre coauteur, qui nous avait quittées trois ans plus tôt et qui, lui aussi, aurait été comblé de joie par ce succès.

Un ange très bavard

Le 7 juillet 1975, je chante en tournée avec Serge Lama et tu m'écris de Quiberon, où tu allais souvent pour une remise en forme, mais, surtout, pour écrire au calme.

Tu me parles du roman *Allegra*, que tu tentes de terminer.

Comme tu me serais précieuse pour que je puisse en discuter avec toi, mon amour gentil. Je doute tellement de moi – peut-être parce que je voudrais faire si beau que ce n'est pas possible, donner l'harmonie la plus simple, et en même temps la plus riche. Et tu me manques toi qui es spontanément tout cela, mon petit chéri si angélique et si insupportable, tu es vraiment, tu sais, un idéal pour moi. (Tu vas encore dire que je te vois en beau, mais non. Je te vois comme tu es, un ange très bavard.) Et ça me manque cette petite fontaine de paroles à côté de moi ! Tu m'as intoxiquée !

Je t'aime. Je m'arrête pour retravailler un peu, c'est encore penser à toi, mon petit elfe chéri.

Comme si tu étais toujours là

Je t'aime, je t'aime tant. Enfonce-les tous, mon chéri triomphant, chante tes quatre chansons comme si tu avais tout le temps devant toi, comme si tu en chantais douze, bien à l'aise. C'est la seule façon de t'IMPOSER.

Je t'adore.
Ton vertueux
Finouchon

Merci pour la vie !

Pendant des années, je n'ai pas souffert de notre éloignement, car tu m'écrivais presque tous les jours lorsque j'étais en tournée et que, quand nous vivions ensemble, tu me laissais partout des petits mots, comme dans un jeu de piste.

Par la suite, lorsque tu partais en voyage, tu m'envoyais des cartes postales avec un mot tendre, de tous les coins du monde…

À ton retour, nous nous retrouvions pour déjeuner à Montparnasse.

Les dernières années, je vivais loin de toi : le téléphone nous rapprochait mais, souvent, tu le coupais, ne voulant plus parler, t'enfermant dans la solitude et te repliant sur toi-même après la mort de ton fils, Vincent.

Les derniers mois, je t'ai retrouvée dans le silence : tu me regardais intensément et me prenais la main. Je te parlais de nos souvenirs, je te chantais les chansons que nous avions écrites. Je restais avec toi, main dans la main, et le silence s'installait entre nous…

Tous les jours, en te quittant, je m'effondrais. C'est là que la force de notre amour a resurgi, comme je n'aurais pu l'imaginer après toutes ces années de séparation. J'étais submergée par la tendresse. Tu n'étais plus mon amante, ma sœur, ou ma mère. Tu étais devenue mon enfant.

Je me sentais coupable de t'avoir quittée, coupable de t'avoir manquée tant d'années.

Ce que je ressens toujours.

Cette douleur de l'absence que tu as vécue jour après jour, à mon tour je la sentais grandir au plus profond de moi, comme elle me brûle encore aujourd'hui – tel un remords constant.

Tu m'as nourrie d'un amour si intense ! Personne ne m'a aimée et ne m'aimera avec cette force et ce don de soi.

Tu m'as enfantée dans un amour absolu et chaque seconde de ma vie je ne saurai assez t'en remercier.

Je puise les forces qui me restent dans le souvenir de toi, dans cette enveloppe d'amour que je sens présent, que tu m'envoies.

Comme tu me vois

Sur la pochette de mon premier album :

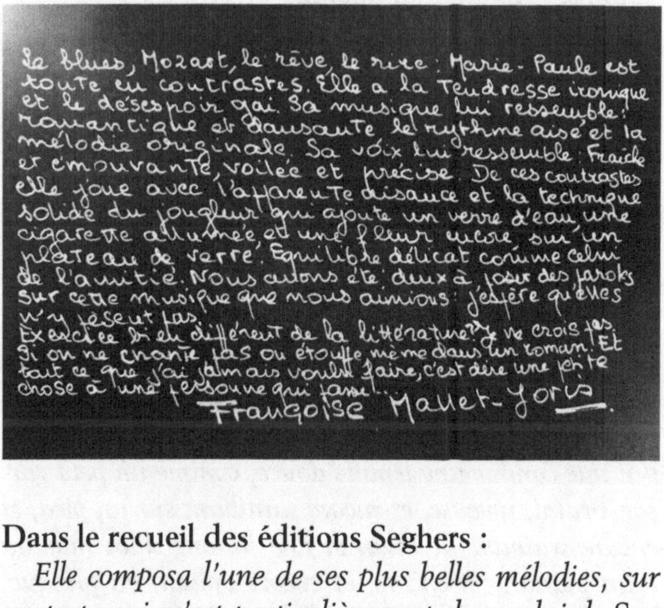

Le blues, Mozart, le rêve, le rire : Marie-Paule est toute en contrastes. Elle a la tendresse ironique et le désespoir gai. Sa musique lui ressemble : romantique et dansante le rythme aisé et la mélodie originale. Sa voix lui ressemble : fraîche et émouvante, voilée et précise. De ces contrastes elle joue avec l'apparente aisance et la technique solide du jongleur qui ajoute un verre d'eau, une cigarette allumée, et une fleur encore sur un plateau de verre. Équilibre délicat comme celui de l'amitié. Nous avons été deux à poser des paroles sur cette musique que nous aimions : j'espère qu'elles n'y pèsent pas.
Exercice bien différent de la littérature ? Je ne crois pas. Et si on ne chante pas on étouffe même dans un roman ! Et tout ce que j'ai jamais voulu faire, c'est dire une petite chose à une personne qui passe...

Françoise Mallet-Joris

Dans le recueil des éditions Seghers :

Elle composa l'une de ses plus belles mélodies, sur un texte qui m'est particulièrement cher, celui de Sur un volcan.

Et sur un volcan si l'on danse
Dansons en vêtements du soir…
Frivolité pauvre déesse
Dont on a tellement médit
Tu es la seule qui nous reste
Tu es le courage aujourd'hui

Ce texte écrit sans son intervention me paraît cependant, à la réflexion, composer le plus fidèle portrait de Marie Paule.

Dans Ma vie.com (page 71) :

À : mariepaule@mavie.com

Objet : *Mes mots d'amour*

La première fois que je t'ai vue chanter, naturellement, tu chantais avec naturel. Et avec une guitare. Cela faisait très jeune fille, très coton Vichy… et, tout à coup, un peu clown. Tu avais un sourire charmant, que tu n'as jamais perdu, tu avais de grands yeux tristes qui le sont restés. Tu avais, tu as une douce violence, une violente douceur.

Je crois que je t'ai vue une ou deux fois assez mauvaise et toutes les autres fois superbe, drôle, pathétique, sensuelle, et calme aussi, d'une voix blessée qui s'élevait jusqu'au fond de la salle, sans effort. Je crois que je t'ai vue très pâle avec une veste noire, je crois que je t'ai vue comme une femme douce, comme un petit garçon brutal, rêveuse, et encore sautillant sur un pied, et encore traînant ta main si fine le long d'un mur ou d'un piano… et encore, et encore volant, ou presque, un tout petit peu au-dessus de la terre, à peine.

Françoise Mallet-Joris, 9 octobre 2007

l'Apocalypse
La mode Volcan

1. A

Le monde est une apocalypse
que reste-t-il de nos espoirs
quand toutes les valeurs s'éclipsent
on s'habille en noir
Il nous reste cette élégance
maquillons notre désespoir
et sur un volcan si l'on danse
dansons un vêtement
du soir

Refr.

Comment s'habiller être à la mode
pour aller danser c'est pas commode
car sur un volcan (bis)
il faut rester chic c'est important.

2

Toi qui entends tomber la foudre
que reste-t-il de nos étés
toi qui entends parler la poudre
Mets-en sur le bout de ton nez
Quand les bonheurs de toutes sortes
Bouclent les portes du bonheur
Prends sur toi il faut que tu sortes
déguise vaillament
ta peur

3

Prisonnier, gratte un peu le plâtre
Dans ton cachot sur la muraille
ça donne un joli ton bleuâtre
pourvu que ça t'aille
Frivolité pauvre déesse
dont on a tellement médit
tu es la seule qui nous reste
tu es le courage aujourd'hui

Une singulière expérience

Tu ne m'as pas quittée. Je ressens ta présence, parfois avec une force incroyable ! Quand je me sens perdue, quand le moral m'abandonne, quand je doute, je pense à toi et, là où tu es, je sais que tu es bien. Si j'ai peur de la mort, la suite ne m'effraie pas, elle me rassure même, depuis que tu m'as raconté ta fantastique expérience de mort imminente, lors de ta tentative de suicide.

C'était en 1986. Tu voulais vraiment réussir ce geste désespéré et, sans le « hasard » d'une visite impromptue, tu y serais sans doute parvenue. Transportée en urgence à l'hôpital, tu avais sombré dans un coma profond. On a tenté de t'intuber et de te faire un lavage d'estomac mais, dans ton inconscient, tu serrais tes mâchoires au maximum. Tu te voyais flotter au-dessus de ton corps, autour duquel plusieurs personnes en blouse blanche étaient penchées. L'une a crié : « Mais ouvrez-lui la bouche, nom de Dieu ! » Tu as alors aperçu un grand escalier, bordé de statues égyptiennes, comme celles d'Anubis et d'Isis (sans doute cette évocation venait-elle de ton amour pour l'Égypte ancienne?), et, au sommet de ces marches, une magnifique lumière blanche, qui t'attirait. Tu es montée lentement, envahie d'une sensation de chaleur, de douceur, d'un immense bien-être. Tu ne voulais surtout pas revenir sur tes pas... Mais, quand tu es parvenue en haut, une voix t'a dit : « Ce n'est pas le moment; retourne d'où tu viens. »

Dans une violente souffrance, tu as brusquement réintégré ton corps, tu as repris conscience, tu étais sauvée!

Je pense à toi, enveloppée de cette chaleur d'amour infini, et cela me rassure, me réconforte. Je ressens moins le manque physique de toi, si aigu parfois qu'il me donne envie de crier...

Comment expliquer cela après tant d'années?

Tu me manques tellement.

Moments forts de mon journal, de 80 à 83

La peur, au fond, a toujours été une copine. Peur de la transformation de l'Amour. Peur de passer de la passion à la seule tendresse. Peur d'aller jusqu'à la séparation.

Le jour de ton anniversaire, le 6 juillet 1980, nous sommes toutes les deux à Marrakech. Nous essayons de retrouver un peu de la magie perdue entre nous, à cause de nos occupations respectives. Tu m'offres alors un petit carnet pour que je puisse y noter mes impressions et mes sentiments.

Sur la première page, tu as écrit : « *J'ai acheté ce cahier à ma chère petite Marie Paule, qu'au bout de dix ans je ne connais pas encore assez, je n'aime pas encore assez bien, je n'ai pas fini de découvrir. Dix ans, c'est encore un enfant, et nous n'entrons que dans l'adolescence d'une tendresse qui n'aura que de la maturité et jamais de vieillesse.* »

Je commence ce carnet par :

« Françoise et moi nous parlons un peu plus. Je voudrais tant qu'elle soit heureuse !

« Nous rentrons sur Paris : Ces huit jours sont une ouverture : du moins je l'espère ! J'ai peur de ce qui va venir… »

Plus loin, mon intuition se précise : aux notes sur mes enregistrements, à mes envies de créer d'autres musiques, se mêle la secrète inquiétude de notre histoire.

10 juillet 1980

« 17 heures : Studio 92. Mixage : le son me plaît. J'espère…

Nous tentons de réorganiser notre vie avec Françoise pour que chacune préserve son indépendance. Pour la première fois depuis dix ans, elle est restée rue Jacob et moi à Arsy. Nous allons essayer d'être plus ensemble quand nous nous verrons et de ne pas nous aliéner l'une l'autre. C'est difficile ! J'ai envie de faire des musiques plus rythmées, de faire des ruptures et des liaisons de voix, des décrochements, etc. C'est le moment où je cherche un ordre dans tous les sens. Ensuite je m'attaquerai à mon spectacle. Et alors ? »

17 h 30 : Mixage du titre "Les Volubilis". C'est la première fois que je fais un titre qui a un son "dans le coup", la deuxième fois (après Astor Piazzolla) que je chante une musique qui

n'est pas de moi. Celle-ci est d'André Popp. Le son est meilleur que sur mes autres disques.

J'ai toujours un peu d'angoisse du point de vue fric. »

8 août 1980

« Françoise est ravagée par le souci qu'elle se fait pour la santé très fragile de son plus jeune fils. Elle est au plus bas et j'ai peur. Il faut qu'elle s'en sorte et il lui faut un vrai succès : qu'elle s'exprime comme elle le veut et qu'elle soit comprise, enfin !... Moi, ça peut aller, à part l'angoisse de cette rentrée : j'ai tous mes musiciens mais tout reste à faire.

J'aime Françoise : C'est dans cette difficulté que je me rends compte que personne ne sera pour moi ce qu'elle est ! Je veux bien m'abstraire pour elle. Elle me donne tout. Je ne sais pas le lui rendre. Parfois des fantasmes qui la trahissent me traversent avec honte. Je voudrais ne jamais lui faire de peine. Pourquoi ne peut-elle rire que si rarement ? »

5 septembre 1980

« Françoise va mieux ! Je ne sais pas ce qu'elle souhaite. Je suis prête à subir les plus dures solutions, même celle qui me détruirait ! Je me méfie de tous ceux qui l'exploitent, abusent et promettent ! »

23 octobre 1980

« Le spectacle au Théâtre des Variétés est terminé ; ce fut un beau feu d'artifice : bonnes critiques, public heureux, Jean-Michel Rouzière, le directeur, réconfortant, a commandé une pièce à Françoise. »

13 novembre 1980

« Je commence à me libérer musicalement, à être bien, à me foutre de l'opinion d'autrui. J'ai besoin de composer encore et encore : vais-je arriver à composer une musique sans carcan et sans limites, qui me plaise vraiment ?

Rencontre avec Paul Guth*, un vieux monsieur très gentil qui peut parler aussi bien de Mazarin que de Michel Simon et son goût pour les putains. »

Les divagations sur l'envie de vivre d'autres aventures, dans une période où je voyage beaucoup, ne manquent pas.

Je note dans un aéroport cette prise de conscience :

* Écrivain, romancier, journaliste, Paul Guth (1910-1997) était un charmant polygraphe. Il a écrit une biographie de Mazarin qui faisait autorité, et se bornait à des sympathiques et complaisants portraits de personnalités alors dans l'actualité. Yvan Audouard l'avait surnommé « le pistolet à confiture » !

«Françoise est la personne la plus extraordinaire que je connaisse et que je connaîtrai jamais. Elle est ma propre identité. Elle me révèle à moi-même.»

Et, plus loin :

J'attends le moment où enfin je serai libérée de ma torture intérieure, libre et sereine. Je veux vivre plus indépendante, ne pas me laisser avoir par la routine et les habitudes confortables, tout en rassurant Françoise sur l'amour que je lui porte.»

*

12 janvier 1981

«Discussions sur les projets d'avenir avec Françoise. Besoin d'avoir chacune son autre, mais d'être ensemble. Je remets peu à peu les choses à leur vraie place : la Passion, l'Amour, l'Amitié... Je suis très absolue! J'ai tant besoin d'être aimée et je le suis : quelle chance j'ai!»

Puis se produisit quelque chose d'incroyable et d'inattendu :

9 juin 1981

«Le monde se déchire : Françoise m'a dit qu'elle aimait ailleurs. Son chagrin me désespère. Son incertitude me tue. Il faut que je la sauve, que j'attende : c'est cela mon combat.

Mais je ne sais pas contre qui et quoi je lutte. Je voudrais mourir.»

Oui, Françoise, tu as du chagrin parce que tu sens que tu vas me perdre.

Tu mûris depuis toujours une admiration intellectuelle et sans faille pour la seule personne qui te conseille sur ton travail. C'est une autre forme d'amour, contre laquelle je ne peux pas lutter, et le doute s'installe lentement…

Nous, nous traçons désormais deux routes parallèles.

8 août 1981

«Françoise se sauve toute seule. Elle nous perd. Moi, je perds confiance, me sentant de moins en moins utile. Je pense que je vais peu à peu disparaître pour ne plus être qu'une pensée émue du passé.

Parallèlement la parade sociale est reine ; je déteste de plus en plus la représentation dans mon métier.»

Je suis un personnage et non une personne.

«Le public nous gomme la vérité d'un être. Ma pauvre barque est en train de couler lentement dans la mer du souvenir, et je sautille toujours sur mon tabouret dans la lumière : c'est ce qui me sauve ! »

*

Je reste plusieurs mois sans écrire dans mon journal. Je n'ai plus envie de me parler, de noter mon quotidien qui m'ennuie en dehors de la scène.

*

16 janvier 1983

« Je suis seule en vacances et me rends compte de plus en plus de la difficulté de communiquer. Je ne peux supporter l'idée de vivre avec quelqu'un. Suis-je condamnée à ne donner qu'au public ? À n'aimer que cette masse chaude et noire ? Un jour, Françoise m'a dit : "Tu n'es pas faite pour aimer un individu mais des milliers de gens." C'est vrai que c'est à eux que je donne le plus et c'est d'eux que je reçois le maximum.

Il arrive toujours que, dans l'Amour avec un autre, l'un des deux se contente, à un moment donné, de ce qu'il a : il est prêt à accepter l'habitude d'aimer et d'être aimé.

Le public ne se contente jamais de ce qu'on lui donne : il lui faut toujours plus et l'on doit toujours se dépasser. Il ne s'habitue pas et ne s'installe pas. C'est un carnivore. L'artiste, lui aussi, n'en a jamais assez. C'est pour cette raison que leur relation est toujours passionnelle et grandissante et que, lorsqu'elle diminue, c'est la mort. Dans un couple, lorsque l'amour diminue ou, plus exactement, se transforme, s'installe la tendresse qui sauve. Il n'y a pas de tendresse entre le public et l'artiste : lorsqu'il n'y a plus d'amour, l'artiste crève. »

31 janvier 1983

« Ce qui ne vous tue pas vous rend plus fort, d'après Nietzsche. Comment l'angoisse qui ne me tue pas peut-elle me fortifier ? Pour mieux vaincre, pour mieux grandir ? J'ai pour la première fois de ma vie pensé à une autre façon de vivre si je ne chante plus. Comment arrêter ? Vais-je reprendre l'écriture de ma thèse ? L'imagination du manque me fait voir l'essentiel : ne plus monter sur scène est-il pensable ? Peut-être n'est-ce pas indispensable si je sors victorieuse d'autres combats ? Si je brille autrement ? (Toujours ce besoin d'être reconnue, aimée...) La routine ailleurs est pire que celle que je vis. Pourquoi ai-je peur de moi-même ? Je sais que je me freine toute seule. Pourquoi ne puis-je ouvrir les yeux sur ce qui est au fond de moi ? Est-ce parce que je ne sais pas les ouvrir sur les autres ? Comment me définir seule ? Pourquoi tant de forces contraires s'affrontent-elles en moi ? Est-ce le secret ? La paix est-elle l'ennemie de la création? Est-ce que le vent va souffler encore?»

*

J'ai eu des amours de passage, des élans amoureux fulgurants, des errances... Je me suis perdue parfois dangereusement. J'ai désiré sans retour, dans l'attente d'un geste, d'un regard... J'ai souffert.

En t'ayant toujours comme port d'attache, en une immuable amitié amoureuse, ces évasions, tu les comprenais, les acceptais, les commentais. Toi-même il t'arrivait d'en avoir, mais toutes les deux nous restions unies, uniques.

Je note :

«Françoise est toujours là, en parallèle, superbe!»

*

Plus d'un an sans écrire.

*

24 avril 1984

«Trahie professionnellement par mon producteur de l'époque, en qui j'avais toute confiance, escroquée (victime de faux, usage de faux, d'abus de confiance), je pense tout arrêter. Je me sens salie et humiliée! J'écris :

« Vais-je dépendre longtemps de deux ou trois cons ? Je n'existe pas si je ne chante pas : ce n'est donc pas encore cette fois-là que je vais mourir ! »

25 octobre 1984

« J'ai terminé mon disque ce soir. J'ai perdu du temps... J'ai très peur : je ne peux compter que sur moi et ne peux parler à personne de toute cette angoisse qui me ravage. Je voudrais partir, ne plus ressentir, être morte ! Après, je renaîtrai comme d'habitude, pour continuer... Et après ? Et après ? Aimer et être aimée. »

9 avril 1985

« Triomphe au Théâtre de la Ville ; image en hausse. »

Je prends la décision de ne plus chanter dans les manifestations trop populaires (par exemple, le 14 Juillet au milieu des pétards). J'ai besoin du silence, d'une écoute attentive de tes textes et d'une communion plus forte avec le public. Je suis consciente que

« je me prépare à des temps difficiles. Moins de scène, plus de musique... Et quoi qu'il arrive, je me retrouve seule le soir dans mon lit... ».

Fin de mon journal

10 juin 1986

« Tentative de suicide de Françoise. J'ai bien cru qu'elle allait mourir. »

Ce jour-là, tu avais laissé un message sur mon répondeur – je l'ai conservé sur une cassette –, me demandant pardon, me priant de ne pas t'en vouloir, me disant merci pour le plus bel amour de ta vie.

Nous n'avons jamais parlé de ce qui avait déclenché ton geste. Sans doute étais-tu à bout de forces, dans une solitude plus intense que celle qui t'accompagnait depuis longtemps.

Je n'étais pas là lorsque tu m'as appelée.

Je m'en suis tellement voulu !

Après cette date, je n'ai plus rien écrit dans mon journal.

Preuves d'amour

Sur une carte de vœux (oiseau rouge et fruits) :

Ce matin j'ai travaillé pas mal. Que n'es-tu là ! Plus d'une demi-journée sans toi, c'est au-dessus de mes forces. Cette nature morte c'est pour te présenter mes MEILLEURS VŒUX *(imprimé sur la carte) de patience, pour supporter ta Finouche encore une bonne vingtaine d'années car je suivrais tous les régimes du monde et me priverais de tout pour vivre plus longtemps près de mon seul et unique amour – ma petite perle, mon petit rossignol si doux. (Je viens de renvoyer une énorme assiette de frites si appétissante ! Voilà des preuves d'amour !) Chérie, il n'y a pas de vocabulaire pour te dire combien je t'aime, combien tu es tout pour moi. N'en doute jamais…*

Je sens très bien que n'étant pas du tout strictement homosexuelle, physiquement, je sens combien c'est l'être, la personne que j'aime en toi (combien pourtant physiquement, amour aimé, et de toutes mes forces, et en ce moment, si douloureusement) enfin, je veux dire, il n'y a plus ni homme ni femme pour moi, rien que toi, toi, toi. (Dernière preuve d'amour aujourd'hui, en finissant ce mot je mange un YAOURT – ô horreur.)

Je t'aime – absolument, encore et encore des baisers. Comme ton odeur si douce me manque – Je n'ose en dire plus.

Ta Finouche

Mercredi 6 juillet 1977 (jour de tes 47 ans) :

C'est pas un anniversaire puisque t'es pas là, mon mignon chéri, mon trésor à moi. Je pense tant à toi... et à tout ce que tu as apporté dans ma vie sans le savoir, comme un chéri qui donne des diamants, et qui croit que c'est des noisettes. Je t'adore fou, fou.

Ton finouchon qui t'adore.

*

2 août 1972 :

Bien reçu ta lettre et carte d'hier soir, mon 'tit amour gentil plus un mot sans date. Merci mon doux petit de m'écrire si tendrement, j'ai tant besoin de ta tendresse !... J'ai écrit à F. longuement, ayant besoin de dire à quelqu'un combien je t'aimais. J'ai écrit : je suis heureuse, et regardé ce mot avec appréhension comme s'il allait s'effacer. Mon Dieu, ma chérie, je ne serais plus qu'un débris si tu m'abandonnais.

Voilà le fait divers que j'ai lu qui m'avait tant impressionnée : c'est un monsieur qui travaillait énormément pour payer à sa femme adorée des cuisines modernes, etc., et il était si fatigué qu'il n'avait plus jamais envie de faire l'amour et, finalement, elle l'a planté là, au milieu des casseroles fleuries.

Horrible ! Je me suis juré de ne plus travailler du tout plutôt que d'en arriver là. Je m'imaginais au milieu des papiers peints tout frais, et toi me disant comme dans Détective *: « Mes sens sont inassouvis ! Seul y saura calmer le délire que tu n'as pas voulu apaiser ! »… Je ne t'embête pas davantage aujourd'hui. Je ne veux pas voir les petites rides tragiques sur ton front parce que tu dois téléphoner ou recoudre un bouton. Je t'embrasse partout – plus que 8 jours !*

Quelle chance ! Je t'adore, je t'aime, et « si je ne t'aimais pas je t'aimerais encore ». À demain petit chéri.

Ta Finouche

*

En relisant ces petits mots amusants, je pense à Françoise Verny, que l'on appelait à l'époque « la papesse de l'édition » – ta directrice littéraire et ta meilleure amie, qui t'a consacré un chapitre dans son livre *Le Plus Beau Métier du monde*.

Elle admire ton « courage souriant » et surtout tes dons d'écrivain. Ton courage à te battre malgré une « santé chancelante », ton exigence, ta discipline de travail, qui se sont toujours mêlés à une extrême fragilité, une grande mélancolie. Mais avec panache tu as su conserver ton humour, même dans les circonstances difficiles :

«Je me prends de sympathie pour cette jeune femme blonde au pur visage de vierge flamande… Au cours des comités de lecture auxquels elle participe, je goûte son humour, sa drôlerie… J'admire son courage souriant, son obstination de bonne ménagère flamande… et surtout ses dons d'écrivain.

«[…] Françoise possède talent et conscience professionnelle. Orgueilleuse, elle ne manifeste nulle vanité d'auteur, elle accepte les critiques, les corrections, elle rédige plusieurs versions de chaque livre. Sans cesse sur le métier elle remet son ouvrage. Elle fait preuve du même sérieux dans son "service après-vente" : elle se prête à toutes les interviews, effectue les déplacements en province qui pourtant la fatiguent extrêmement; l'énergie qu'elle déploie fait oublier une santé chancelante. Et elle garde toujours le sourire. Je la cite très souvent en exemple à de jeunes impatients qui croient parvenir à la gloire, immédiatement et sans efforts.

«[…] Elle m'étonne par cette capacité à se surpasser toujours, qui distingue les écrivains, les vrais. Je l'accompagne, avec ferveur, dans cette voie magnifique et ardue.»

Les signes sans les prodiges

Croyant toutes les deux à la survivance de l'âme après la mort – qui n'est que le passage d'un état à un autre –, nous avons souvent parlé, en plaisantant, des signes que nous pourrions nous faire de l'au-delà, quand l'une partirait avant l'autre. Je suis sensible aux synchronicités, aux « clins d'œil de l'ange », ces manifestations de l'univers, *a priori* inexplicables et dont nous sommes les seules à pouvoir décrypter le langage codé. Depuis ton départ, il y a eu tellement de signes inattendus, que j'aime t'attribuer ; je les vois comme la manifestation « des petits dieux de la maison » – ces bienheureux hasards qui ne peuvent être fortuits…

Quelques jours avant ta disparition, en rangeant ma cave à l'occasion d'un déménagement, parmi les cassettes que j'essaie de conserver fidèlement (bonne-maman qui chante, maman enregistrée à son insu…), je tombe sur une cassette de toi, qui date d'il y a une quarantaine d'années. Je n'avais pas connaissance de cet enregistrement, effectué en mon absence : tu avais dû te dire que je le trouverais un jour…

Au moment de cette découverte, tu vas très mal, tu es à l'hôpital en soins intensifs, et je ne peux l'écouter immédiatement. Je ne suis pas prête à entendre ta voix de l'époque, dans des confidences intimes.

Trois jours après, le vendredi 12 août 2016, je décide de copier la cassette sur un autre support, pour la préserver. Pour cela, je dois en regarder le minutage et j'essaie de repérer la fin de la bande. J'entends alors les dernières paroles que tu as enregistrées, des années plus tôt, et je m'arrête, éberluée, frappée par leur actualité : « Dépêche-toi, ma p'tite chérie : J'arrête tout ! »

Je comprends aussitôt.

Saisissant l'urgence absolue de foncer te voir une dernière fois, je n'attends pas l'heure de ma visite quotidienne. Quand j'arrive, tu es seule, dans le coma. Je prends ta main et j'essaie de te rassurer, afin que tu puisses partir tranquille. C'est le début du week-end du 15 août : il y a très peu de monde et personne autour de toi. Je continue de te parler longtemps…

Tu pars au petit matin. Tu sembles apaisée.

Concordance de temps

En triant mes archives, et alors que je suis dans le flou concernant mon avenir, n'ayant ni maison de disques, ni producteur, ni projet signé pour un nouveau spectacle, je tombe sur une enveloppe contenant tous les télégrammes envoyés par des artistes et des personnalités le jour de la générale, pour mon premier Olympia. Je lis d'abord, par hasard, celui de Barbara, envoyé de sa maison de Précy-sur-Marne, et qui reprend le fameux télégramme que Verlaine adressa à Rimbaud, alors à Charleville : « On vous attend, on vous aime. À bientôt ! » Cette manifestation d'amour me paraît providentielle dans la situation où je me trouve. Elle me console de mes doutes, du blues qui m'envahit lorsque je relis tes lettres ou que je revis de tendres souvenirs…

Galvanisée par une soudaine énergie, je reprends espoir. Dans un paquet de lettres, je trouve une autre enveloppe sur laquelle tu as écrit mon prénom avec, tout autour, des petits mots : « Bonnes fêtes de Pâques», «Vrai renouveau», «Amitié toujours». Nous sommes à dix jours de Pâques (ta lettre, elle, est datée du vendredi saint, l'année est indiquée sur l'enveloppe), et les deux pages que je lis correspondent si bien à ma situation actuelle! Encore une fois, je le vois comme un signe, un cadeau extraordinaire qui vient confirmer celui de Barbara. Quel réconfort! C'est le cycle de la vie, les mêmes difficultés qui se présentent mais, peut-être, avec des solutions différentes. En tout cas, je prends cette lettre comme une réponse à mes doutes, la certitude que tu me parles encore, aujourd'hui, comme tu me parlais autrefois. Avec amour, constance et fidélité.

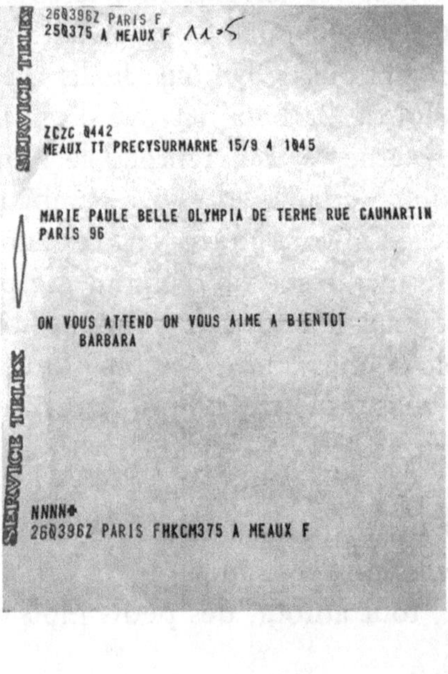
SERVICE TELEX

260396Z PARIS F
250375 A MEAUX F

ZCZC 0442
MEAUX TT PRECYSURMARNE 15/9 4 1045

MARIE PAULE BELLE OLYMPIA DE TERME RUE CAUMARTIN
PARIS 96

ON VOUS ATTEND ON VOUS AIME A BIENTOT
BARBARA

NNNN
260396Z PARIS FHKCM375 A MEAUX F

SERVICE TELEX

Vendredi de Pâques (1985), Arsy

Ma très chérie, je t'ai eue hier au téléphone, et j'ai chaque fois un tel sentiment de mon insuffisance à te réconforter et à t'apporter quelque chose que j'éprouve ce besoin de t'écrire, peut-être vain. Tu ne doutes pas, je le crois, de ma tendresse et de mon désir de t'aider au maximum ; mais je ne sais pas si tu te rends compte à quel point c'est pour moi un souci de tous les instants. Et mon impuissance me désole ; il me paraît impossible, désastreux, que quelqu'un qui a ton courage et ton talent n'arrive pas à s'en sortir. Il doit y avoir une solution. Mais je ne trouve pas laquelle, je ne connais pas assez le marché et le métier, et mon impuissance me désespère vraiment par moments. Tu me diras que ce n'est guère réconfortant de t'écrire cela. Malheureusement je sais que mon affection, le mot est faible, pour toi, n'est pas un réconfort. Tu ressens tout sentiment simplement de tendresse comme une faiblesse et une régression, peut-être as-tu raison au point de ton évolution, où tu en es, là encore, je ne sais pas.

Tu vois je suis dans un certain désarroi parce que depuis quelques années je me demande si on ne va pas à contre-courant de ce qui pourrait encore réussir. Pour te donner un exemple à ton avant-dernier coup de téléphone, je m'étais dit : puisque je vais être débarrassée de ce roman qui m'a donné tant de peine, puisque miraculeusement je vais avoir deux ou trois mois cet été, je vais écrire Lucrèce Borgia.

Tant qu'à être rétro autant l'être jusqu'au bout, et je peux pour une fois donner mon temps, et je voulais te faire cette surprise. Mais je doute maintenant parce que cela va à contre–courant de tes désirs profonds... Je ne sais pas comment l'un ou l'autre projet va résoudre notre problème disque. Et comment trouver l'argent d'un spectacle sans succès disque ? Et en supposant qu'on le trouve et qu'on fasse le spectacle et qu'il ait du succès, beaucoup de conditions difficiles à réunir déjà, est-ce que cela fera marcher les disques ? Non, c'est tout à fait différent.

Je ne cesse de remuer cela dans ma tête sans trouver de solutions. Je ne sais plus comment travailler et je ne crois pas qu'un tête-à-tête soit fructueux entre nous ; nous tournons en rond (ce qui ne veut pas dire que je ne vais pas m'y mettre dès la semaine prochaine). Alors que faire ? Nous adjoindre quelqu'un ? Qui ? Il faudrait quelqu'un d'entièrement nouveau, qui apporte un réel changement, et qui soit un auteur de chansons. Ou peut-être devrais-tu travailler avec un autre musicien qui t'apporte un renouvellement de ce côté-là, le plus important ?...

Mon chéri, moi dont c'est le métier, je me sens si maladroite à t'écrire, à t'expliquer combien je voudrais t'aider : je suis tellement prête à aider, à aimer toute personne qui t'est d'un secours quelconque à collaborer, à apporter le peu d'ingéniosité dont je dispose, même anonymement, pour que tu atteignes le but. Mon chéri, il se peut que cette lettre soit inutile et même déprimante. Je t'en prie, n'y vois qu'une chose : de la tendresse profonde, solide, et de l'admiration, et dans le désarroi où je suis moi-même en ce moment, le désir d'une communication si je puis t'apporter quelque chose. Il se peut que non. Peut-être je suis tarie sur le plan chanson et tu dois me rejeter comme une vieille pantoufle : alors n'hésite pas. Mais désarroi ne veut pas dire négativité, chérie. Je cherche pour moi, patiemment, une solution aux éléments de ma vie dispersée, je cherche la richesse qui est dans tout changement même douloureux, crois-moi, j'évolue autant que toi sûrement, et je finirai peut-être par trouver cette sagesse profonde dont j'ai été si dépourvue. Cela passe par une mutation bien dure, mais c'est le printemps tout de même.

Il pleut aujourd'hui. Arsy est triste et tout de même un peu magique. Je t'envoie de tendres vœux de Pâques qui est la fête du renouveau, mon chéri. Si je te dis à 54, bientôt 55 ans au milieu de tous ces décombres, c'est que c'est bien profond dans l'être humain, le désir de vivre et de donner encore un peu de beauté, de douceur aux autres. De tout mon cœur je suis avec toi, mon chéri, malgré l'absence et la distance.

Françoise

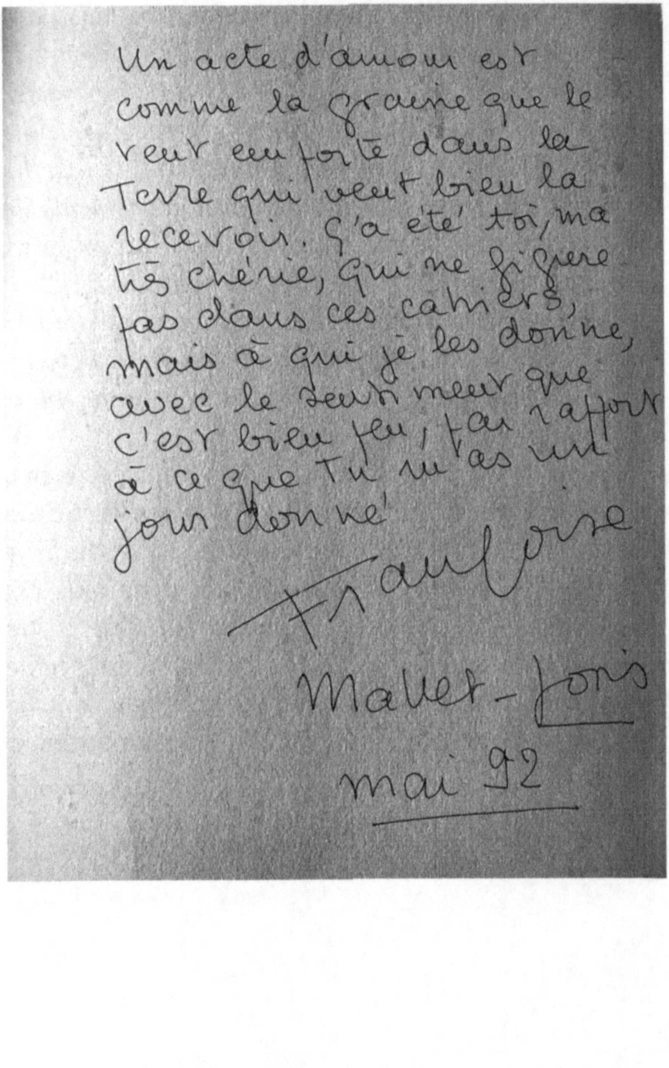
Un acte d'amour est
comme la graine que le
vent emporte dans la
Terre qui veut bien la
recevoir. Ç'a été toi, ma
très chérie, qui ne figure
pas dans ces cahiers,
mais à qui je les donne,
avec le sentiment que
c'est bien peu, par rapport
à ce que tu m'as un
jour donné!

Françoise
Mallet-Joris
mai 92

Pour Marie Paule
avec toute ma tendresse
où avenir et souvenir se
confondent en une né-
gation totale de la
concordance des temps
— mon écueil !

ADRIANA SPOSA

Françoise —

Épilogue

Après avoir lu mon livre, mon éditeur me demande : « Et toi, que lui as-tu apporté ? L'histoire d'un couple se construit à deux. »

J'ai tenté de te sortir de la solitude accompagnée, dans laquelle tu semblais être.

J'ai tenté de partager avec toi la joie de la création, dans un travail commun dont tu étais heureuse et fière.

Nous avons communié dans les émotions, les rires.

Découvert le bonheur d'être aimées et reconnues ensemble par le public.

Le temps perdu ne se rattrape pas, chante Barbara.

En partageant la fin de ta vie, j'ai essayé, avec intensité, d'atténuer la souffrance que nous nous étions causée, en allant chacune de notre côté.

Ton regard, ton amour si présent dans ta façon de me tenir la main ! Nous ne parlions pas…

Nous étions toutes les deux réunies, dans le silence, dans la paix.

Nous étions ensemble et ne formions qu'un seul être, comme nous l'avions formé durant tant d'années.

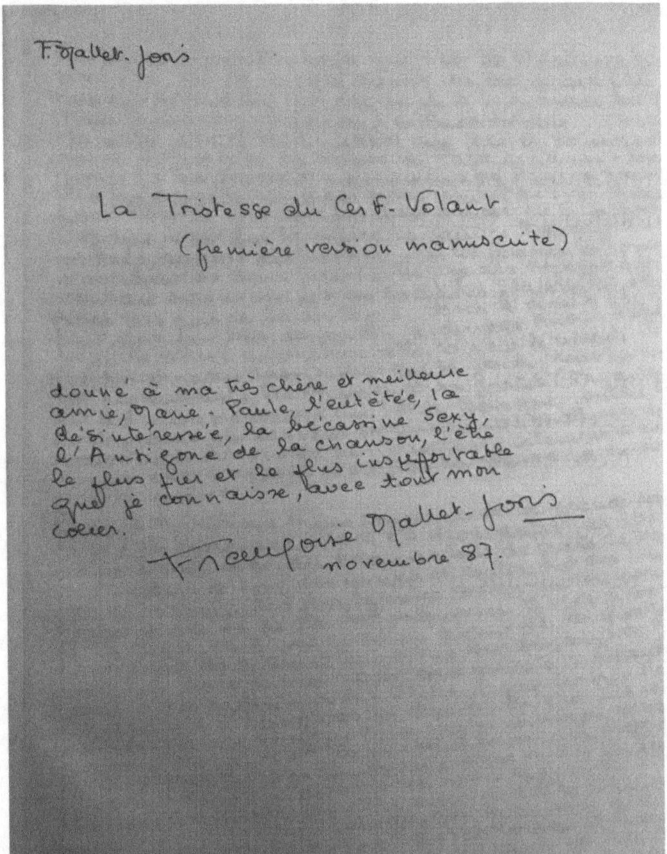

F. Mallet-Joris

La Tristesse du Cerf-Volant
(première version manuscrite)

donné à ma très chère et meilleure
amie, Marie-Paule, l'entêtée, la
désintéressée, la bécassine sexy,
l'Antigone de la chanson, l'être
le plus fier et le plus insupportable
que je connaisse, avec tout mon
cœur.

Françoise Mallet-Joris
novembre 87.

Remerciements

Merci à Thierry Billard pour ses encouragements bienveillants et ses remarques pertinentes.

Merci à Isabelle Mayereau d'avoir été mon anti-dépresseur pendant toute ma période d'écriture !

Merci à Serge Lama pour l'énergie qu'il m'a transmise, pour son regard attentif, pour le temps qu'il me consacre, pour sa préface. Je lui dois ma renaissance.

Merci particulièrement à mon frère Jean-Michel, pour ses corrections minutieuses, ses réflexions judicieuses et son érudition.

Remerciements

[illegible]

Bibliographie

Marie Paule BELLE, *Ma vie.com*, L'Archipel, 2008.

Françoise MALLET-JORIS, *La Double Confidence*, Plon, 2000.

—, *Marie Paule Belle*, Seghers, « Poésie et chansons », 1987.

Françoise VERNY, *Le Plus Beau Métier du monde*, Olivier Orban, 1990.

Crédits et notes

Les documents in-texte sont la propriété de l'auteur.

1. Compositrice : Marie Paule Belle. Auteure : Françoise Mallet-Joris. Éditions : Emma Productions.
2. Compositrice : Marie Paule Belle. Auteurs : Françoise Mallet-Joris/Michel Grisolia. Éditions : Emma Productions.
3. Auteure-Compositrice : Marie Paule Belle. Éditions : Emma Productions.
4. Compositrice : Marie Paule Belle. Auteurs : Françoise Mallet-Joris/Michel Grisolia. Éditions : Allo Music c/o Première Music Group.
5. Compositrice : Marie Paule Belle. Auteurs : Françoise Mallet-Joris/Jacques Delfau. Éditions : Allo Music c/o Première Music Group.
6. Compositrice : Marie Paule Belle. Auteure : Françoise Mallet-Joris. Éditions : Allo Music c/o Première Music Group.
7. Compositrice : Marie Paule Belle. Auteurs : Françoise Mallet-Joris/Michel Grisolia. Éditions : Allo Music c/o Première Music Group.
8. Compositrice : Marie Paule Belle. Auteurs : Françoise Mallet-Joris/Michel Grisolia. Éditions : Allo Music c/o Première Music Group.

9. Compositrice : Marie Paule Belle. Auteurs : Françoise Mallet-Joris/Michel Grisolia. Éditions : Emma Productions.

10. *Ibid.*

11. Compositrice : Marie Paule Belle. Auteure : Françoise Mallet-Joris. Éditions : Allo Music c/o Première Music Group.

12. Compositrice : Marie Paule Belle. Auteurs : Françoise Mallet-Joris/Michel Grisolia. Éditions : Allo Music c/o Première Music Group.

13. Compositrice : Marie Paule Belle. Auteurs : Françoise Mallet-Joris/Michel Grisolia/Marie Paule Belle. Éditions : Emma Productions.

14. Compositrice : Marie Paule Belle. Auteurs : Françoise Mallet-Joris/Michel Grisolia. Éditions : Emma Productions.

15. Compositrice : Marie Paule Belle. Auteure : Françoise Mallet-Joris. Éditions : Allo Music c/o Première Music Group.

16. Auteure-Compositrice : Marie Paule Belle. Éditions : Emma Productions.

17. Compositrice : Marie Paule Belle. Auteurs : Françoise Mallet-Joris/Michel Grisolia. Éditions : Emma Productions.

18. Compositrice : Marie Paule Belle. Auteure : Françoise Mallet-Joris. Éditions : Warner Chappell Music France.

19. Compositrice : Marie Paule Belle. Auteure : Françoise Mallet-Joris. Éditions : Allo Music c/o Première Music Group.

20. Compositrice : Marie Paule Belle. Auteure : Françoise Mallet-Joris. Éditions : Warner Chappell Music France.

Table

FSC
www.fsc.org
MIXTE
Papier issu de sources responsables
FSC® C003309

L'éditeur de cet ouvrage s'engage pour la préservation de l'environnement et utilise du papier issu de forêts gérées de manière responsable.

Achevé d'imprimer en mars 2020
par Normandie Roto Impression s.a.s.
N° d'impression : 2001315

Imprimé en France